往日情怀

我的桥牌岁月

陈国榕　蔡志忠　著

中国出版集团
现代出版社

陈国榕

著名桥牌选手。

多次代表台湾参加亚洲杯、百慕大杯桥牌比赛。

曾任南山人寿经理、三商人寿总稽核、美商万通集团英大人寿副总经理。

蔡志忠

著名漫画家、动画导演。

出版《庄子说》《老子说》《论语》《菜根谭》等一百多部作品。2004—2013年连续十年代表台湾参加亚太杯桥牌比赛。

2009年入驻杭州西溪湿地大师楼。

目前正在拍《功夫少林寺》《武圣关公》动画电影。

目 录

72 副牌局

序一

他也许会成为桥牌世界冠军

聂卫平

我和蔡先生相识于 1989 年，记得那是在北京的中日围棋会馆。当时我却并不知道他是一个漫画家、一个国学大师，只听说他的桥牌打得不错。于是第一次见面时，我和他搭档，打了三副牌，感觉这个人确实是个高手。

我们的相识，就像两个音乐家碰到了知音一样，像《高山流水》的伯牙和子期，也像金庸小说《笑傲江湖》中的刘正风和曲洋。当然，我们俩并不是正邪两派，不过我们也确实算各自领域里的高手，但在桥牌方面又惺惺相惜，并通过桥牌以牌会友，从打牌的朋友变成了人生的朋友。就这样一直交往下来，我们的友谊已经超过了 25 年。

如果要我评价他的桥牌水平，我必须说，和他的漫画一样，也是大师级的水平！我常常想，如果他专门去研究桥牌，如果给他充足的时间，定然会成为世界冠军！

每个人都有自己的打牌风格，蔡先生是出牌比较快的，而且会有出人意料的、独特的想法。他平时说话很风趣，但打牌时因为不许说话，所以显现不出来。每次打完桥牌之后，大家会交流某一局的打法，因为他的水平高，所以我们互相指点一下，对方马上就会明白。我跟他搭档的时候，好像都得了冠军——如果不是搭档而是对手，那么好像一般是我得了冠军。

以前可以边打牌边吸烟，但后来室内全面禁烟，所以我们两个人经常会因为吸烟，在室外相遇。虽然这样对打牌很不利，因为连贯的思路被打断了，但谁让我们都戒不掉烟瘾呢。如果问谁的烟瘾大一些，那可能跟桥牌一样，不分伯仲了。

但除了吸烟，我是不喝茶、不喝咖啡的，蔡先生则嗜咖啡如命，可是他又不喜欢吃东西，和我正相反。即使每次我到了台湾，或者他来了北京，我们都要聚在一起畅饮，他也很少吃东西。当然，他的酒量是很大的——也就是说，他不吃，能喝，两个极端。

他的穿衣风格也比较极端，几乎可以说是不修边幅，但却自有一股仙风道骨的感觉。因为我平时在穿戴上花的心思也很少，但外出会面还是会稍微修饰一下，所以每当看到蔡先生的装束，我就有一种“他确实和我们不一样”的感觉。但据我所知，他的身边美女如云哦。

我的职业是下围棋，很小就开始专心地训练、比赛，所以对社会上的很多为人处世的东西不是很了解和注重，而蔡先生也是如此。所以当我们遇到一起，聊的东西都很有共鸣，这也是每次见面都要开怀畅饮、酒逢知己千杯少的缘故吧。而且，因为我们对对方都无所求，即“无欲则刚”，所以我们会成为很好的朋友，正所谓君子之交淡如水。

他的这本书值得推荐，不仅是因为他的桥牌水平很高，而且因为书的内容很精彩，因为他这个人的人生故事很精彩。同时，我也希望借此机会能在中国大力地推广桥牌，因为桥牌是一种非常高尚、高雅、高层次的智力上的体育运动，不仅能提高一个人的智力水平，更能提高一个人的综合素质。别看打桥牌时大家都不说话，但桥牌上的那种你来我往，风起云涌，一点都不亚于任何一种竞技运动。

我对桥牌的喜爱是由衷的。打个比方，围棋是我的老婆，桥牌就是我的情人。我相信在蔡先生眼里，桥牌也和漫画一样，让他终身热爱。

中国在邓小平时代曾有过桥牌热，因为邓小平自己非常喜欢桥牌，依靠他的个人魅力，就足以在当时刮起一股桥牌旋风。但对中国这么大的国家、这么多的人口来说，这还远远不够。如果现在国家能够自上而下地大力推广，如果全民对桥牌的融入程度能像对待乒乓球一样，以中国人的智力水平来讲，我想肯定能在世界上有非常好的成绩。

我个人在围棋上还算小有名气，有一些影响力，但在桥牌方面，我和蔡先生的影响力都不如邓小平他老人家大。即使这样，我们依然希望可以为中国的桥牌事业奉献自己的一点力量。

2015 年 12 月于北京

序二

点燃心中的太阳

蔡志忠

每个人身上都有太阳，

主要是如何让它发光？

1965年诺贝尔物理奖得主理查德·费曼曾经说：

每个小孩都会问妈妈："为什么风会吹？云会飘？水会流？彩虹有七个颜色？"

妈妈总是回答说："这些问题等你长大上学之后，老师会回答你的。"

小孩上学后问老师同样的问题，老师却回答说："这些问题跟你长大后要做的事没关系。"

大多数的小孩听老师的话，不再问这些跟长大以后做事无关的问题，而努力读书、做作业、应付考试。于是他们长大之后就成为会计师、工程师、律师、总经理、政府官员。

但还有一些小孩没听老师的话，他们还是继续问自己："为什么风会吹？云会飘？水会流？彩虹有七个颜色？"

于是他们长大后，就成为诗人、作家、画家、音乐家、物理学家。

但还有第三类人除了小时候听老师的话努力读书、做作业、复习功课应付考试之外，还经常问自己："为什么云会飘？水会流？彩虹有七个颜色？"

于是他们长大后跟第一类小孩一样成为会计师、工程师、律师、总经理、政府官员，但平时也唱歌、画画、写作或打桥牌。台北国际桥艺中心很多桥友们既是会读书会考试的成功学者，或是尽责又专业的职业经理人，同时又是有想象力、有创意的桥手，陈国榕先生正是第三类人的个中翘楚。

1979年，在报纸上看到张溪圳、张英村勇夺菲律宾举办的亚洲杯桥牌论对赛冠军，有一天我和客户洽谈生意，问黑潮电视电影公司的老板张溪圳先生说："那位得到今年亚洲杯桥牌论对赛冠军的张溪圳就是你吗？"

张溪圳说："是啊！你也会打桥牌吗？"

我说："我还不会打，不过对桥牌很感兴趣，你们平常在哪里打桥牌？"

通过张老板的介绍，我便开始一个人到仁爱路的国际桥艺中心挂单打正点赛。当时自己桥牌打得很差，每当在桥社看到黄光辉、陈国榕、沈君山、戴明芳等高手，简直就像看到神级人物，崇拜得不得了。我也买了他们所写的桥牌书籍：《中华精准制》《逐鹿桥坛三十五年》《桥味无穷》《桥艺世界》，其中有两本是陈国榕先生的著作。

打了几年桥牌，直到老国际从仁爱路搬到忠孝东路新国际之后，我自己个人与龙卡通队的桥牌实力才渐渐进入有能力角逐冠军的行列。在很多桥牌比赛跟这几位桥牌神级人物多次敌对搏杀之后，才慢慢相互认识化敌为友，也有幸能跟他们一起组队参加比赛。

2004 年台北圆山饭店举办的第四十四届亚太杯，跟陈国榕第一次共同组队；2006 年上海奥林比亚饭店举办的第四十六届亚太杯，第一次跟黄光辉打同一队。

每个人身上都有太阳，
主要是如何让它发光？
点燃心中的太阳，让自己充满激情，扮演好自己的角色。

我曾花十年研究理论物理，对于宇宙，我们知道有些属于已知的已知，我们已经了解它们。我们也知道有些属于已知的未知，我们还不清楚它的来龙去脉。但有些事情属于未知的未知，我们根本就不知道，对它一无所知。

对于如何打好桥牌这个问题也是如此。

52 张牌里面，看着自己手中的 13 张牌，如何叫牌？决定最终定约？如何精确首攻？如何正确防御？选择哪条概率最大的路主打？就是：将未知的未知转化为已知的未知、已知的已知的历程！

我知道，对于经常参加比赛的桥手而言，能成为各级桥牌高手，代表台湾参加比赛是每个桥手的终极目标，也是自我评估桥牌实力是否够水平的分水岭。

陈国榕除了平常在南山人寿、三商人寿、美商万通集团等大型公司担任重要职务之外，打桥牌应该是他心中的挚爱，曾赢得不计其数的大小桥赛，在国际赛中无数次代表中国台湾获得不少光荣战绩。他曾担任《民生报》《台湾新生报》桥艺专栏主笔，也常撰文在《中国桥艺》刊载。

《往日情怀——我的桥牌岁月》是陈国榕二十多年桥牌心得的新著。他将自己一生中的精彩牌局和赢取胜利的关键提供给桥友们，希望大家能从陈国榕的经验中学会如何正确打好桥牌，从未知的未知变成已知的已知。

谢谢！

自序

桥味无穷

陈国榕

1970年，笔者于高雄大社服预官役期间，因缘际会学会桥牌，自此沉迷其中。1993年，更换工作，因公务忙碌，必须全心投入，因而离开桥坛，挥别了热爱的桥牌。从1971年夏天踏进台北桥坛起，桥牌伴随笔者度过二十多个年头，其间虽偶有失落，但更多数不尽的欢乐却充实了笔者的回忆，让笔者的桥牌岁月没有留白。

笔者二十余年的桥牌生涯里，除了曾赢得不计其数的大小桥赛，在国际赛中也有一些满意的表现，重要的战绩如下方所列。

20世纪70年代中叶曾任《民生报》及台湾《新生报》桥艺专栏主笔，也经常撰文发表于《中国桥艺》杂志，并于 1977 年，由世界文物出版社刊行《桥味无穷》及《桥艺世界》两本著作。日前重新整理旧作，去芜存菁，并加上一些未曾发表过的牌局，草成此书，除为笔者个人二十年桥牌生涯留下见证外，也期待能为当年的搭档、队友，以及桥艺同好们寻回往日的欢乐。

棋圣聂大师是棋坛杰出人物，其中日围棋擂台赛十一连胜事迹，广为海峡两岸棋桥人士所津津乐道。聂大师亦为桥牌高手，常闻沈君山博士及蔡大师提及其桥牌趣事，是笔者素所景仰的人士。此次蒙大师慨允为本书作序，谨致上无任感激。

蒙老友蔡大师百忙中欣然为本书作序及赠图，其画作洗练、简洁优雅，又深富内蕴，为拙著增色可期，谨此致上谢忱。

最后，关于本书牌局的叙述及解析，若因笔者见识不足，致有错误之处，尚祈读者诸君不吝指正。

笔者桥牌生涯中的主要战绩如下：

1977 年第十八届主席杯联赛冠军

1977 年第五届中华杯冠军

1977 年第二十一届亚太杯队制赛季军及双人赛第六名

1979 年第二十四届百慕大世界杯殿军

1980 年第八届中华杯冠军

1980 年第六届世界奥林匹亚队制赛第五名

1981 年第九届中华杯冠军

1981 年第二十四届亚太杯队制赛冠军及双人赛亚军

1982 年第十届中华杯冠军

1984 年东京第二届 Epson 杯埠际赛队制赛亚军

1985 年世界桥牌协会颁发“世界桥士”证书

1988 年第一届亚太桥牌大会杯队制赛冠军

1990 年台北普腾杯埠际赛队制赛亚军

1992 年第二届亚太桥牌大会杯队制赛殿军

72 副牌局

01 有奖论对赛

笔者与桥牌结缘，算一算，已经有四十五个年头了。1970 年，笔者在高雄大社服预官役，其间因缘际会，学到了桥牌的基本技巧，从此桥牌成了笔者的最爱，也彻底改变了笔者的人生。为了桥牌，笔者放弃过工作，也放弃过爱情，如果没有桥牌，今天又会是如何呢？如果时光倒流，笔者相信，桥牌依旧是无悔的选择。

一年的役期很快届满，笔者迫不及待，马上就踏入了台北的桥牌圈，成为论对赛的常客。记忆中，在那三四年岁月里，罗斯福路上的中国之友社每每成为笔者流连忘返的所在。

1973 年，中国之友社多次举办有奖论对赛，由于桥风鼎盛，报名参赛者相当踊跃。10 月某晚，与同乡前辈王道城君相约，结伴参加有奖论对赛。虽然没有得到奖金，却留下了几副回味无穷的牌局。

有一副牌，北家发牌，双方有局，笔者是第三家，拿了♠ AQ873 ♥ 654 ♦ 97 ♣ AQ2。同伴第一家开叫 Pass，右手家考虑一会儿，一副想叫牌的模样，终于还是 Pass。笔者拿起笔，在叫牌纸上写下 1 ♠，左手家很快地 Pass，同伴跳叫 3 ♠，右手家这次也很快地 Pass。

同伴是 Pass hand，笔者一手破破的 12 点牌，又无特殊牌型，照说也应该 Pass。但是论对赛有异于四人赛，是锻炼打牌技巧的场合。况且，如果同伴的牌是♠ Kxxx ♥ Axx ♦ KJxx ♣ xx，则黑桃一局是合理的、可期待的。谁知道同伴手里是什么样的十三张牌呢？笔者考虑一会儿，终于还是叫上一局，大家都 Pass，叫牌过程是这样的：

西	北	东	南
	王道城		陈国榕
	Pass	Pass	1♠
Pass	3♠	Pass	4♠
All Pass			

西家首攻♣7，同伴摊下牌来：

♠K1052
♥KJ7
♦K853
♣109

北
西 □ 东
南

♠AQ873
♥654
♦97
♣AQ2

笔者略感失望，同伴的牌并不是笔者所期待的，大牌只有 10 点，没有 A，而且支离破碎，心中着实后悔多叫了一阶。不过，首攻♣7，已经解决了梅花的难题，只要♦A 位置对，定约仍有成功的机会。

于是笔者在明手盖上♣10，东家扑 K，笔者以 A 吃进。笔者清两圈将牌，西家第二圈掉下 J，将牌是 2–2 分配。接下来，庄家出一张方块，西家跟♦6，笔者毫不犹豫，明手出♦K，却被东家的 A 吃去。东家回攻♣J，笔者手中 Q 赢进，西家跟♣5，7–5 双张吗？那么东家的梅花就有六张之多了。

笔者送出方块，西家跟♦2，东家♦J 吃，再回方块。笔者手中将吃这一圈方块，再由明手将吃梅花，西家确是双张梅花，在这一圈垫掉一张小红心。然后笔者手中将吃明手的第四张方块，东家抛掉梅花。

此时两门低花都剥光了，笔者再想一想，东家的牌型是 2–2–3–6，牌力呢？他已出现过♦A–J 及♣K–J，已经有 9 点牌，不会再有♥A，否则他就要开叫了。至于♥Q 呢？若是♥Q 也在西家，笔者就应该从手上引两次红心；如果

♥Q在东家，就必须先吃到♥K，然后投入东家。回想起叫牌时东家的考虑，笔者相信他拿了接近开叫的牌力，不错，他应该是11点，他有♥Q！

于是笔者手中出♥4，西家跟3，明手出K，吃到了，然后再送出小红心。东家♥Q吃进，全手都是梅花，只得引出梅花，让笔者一手将吃，另一手抛掉红心失张。运气真是不错，定约完成了，得到620分，计分纸上还找不到比这更好的分数呢！

四家牌情如下：

	北	
	♠K1052 ♥KJ7 ♦K853 ♣109	
西 ♠J4 ♥A10932 ♦Q1062 ♣75		东 ♠96 ♥Q8 ♦AJ4 ♣KJ8643
	南 ♠AQ873 ♥654 ♦97 ♣AQ2	

02　错有错着

1973 年 10 月，与王道城君结伴参加中国之友社有奖论对赛的同一晚，还有一副牌，双方无局，王君坐北，第一家开叫 1♣，东家超叫 1♦。笔者拿了 ♠K10954 ♥J932 ♦K4 ♣AJ，大牌 12 点，又有 5−4 两门高花，于是自由叫了 1♠。西家 Pass，同伴加叫 2♠，笔者以 4♠结束叫牌，叫牌过程如下：

西	北	东	南
	王道城		陈国榕
	1♣	1♦	1♠
Pass	2♠	Pass	4♠
All Pass			

西家首攻♦5，同伴摊下牌来：

♠A32
♥A876
♦A62
♣K54

北
西 东
南

♠K10954
♥J932
♦K4
♣AJ

看来我们似乎叫错定约了，由于同伴加叫2♠，而不叫1NT，我们错失了4–4配合的红心。若是打4♥定约，只要红心3–2分配，就一定可以成功的。而现在打4♠，必须两门高花都好分配。

首攻方块，明手跟♦2，东家出♦8，看来他的方块是Q–J–10–9–8的连续牌，笔者手上♦K吃进，抽将牌，桌上♠A吃，东家竟然抛一张♦Q。天啊！将牌怎么会是5–0分配呢？定约还有机会吗？

发现将牌5–0分配后，笔者出明手的小梅花，东家跟小牌，手中♣J飞过，吃到了，顺手又提掉♣A。接着手中出♦4，西家跟7，表示他有三张方块，桌上♦A取，以♣K垫掉手上一张红心后，笔者手中将吃明手的第三张方块，提掉明手的♥A，然后送出红心。

东家的♥Q吃进这一圈，西家是单张红心，于是抛掉一张梅花。东家接着拔♥K，西家已经全手将牌，不得已，只好将吃同伴的赢张。

西家剩下的将牌是Q–J–8，于是回攻♠Q，笔者的将牌是K–10–9，必取两墩将牌。总计笔者赢到了一墩红心、三墩梅花、两墩方块、一次将吃方块以及三墩将牌，正好十墩，于是定约就完成了。

四家牌情如下：

	♠A32 ♥A876 ♦A62 ♣K54	
♠QJ876 ♥5 ♦753 ♣10762	北 西 □ 东 南	♠-- ♥KQ104 ♦QJ1098 ♣Q983
	♠K10954 ♥J932 ♦K4 ♣AJ	

我们的成绩很好，其他桌上大都叫到 4♥，这是无法完成的定约；也有叫成 4♠的，但没有一桌完成定约，大概是没有偷♣ Q 的缘故吧。按：本牌必须偷到♣ Q，否则赢墩不够，定约无法完成。

03 坏分配

1972 年年底开张的诗文桥艺中心，坐落在锦州街上，场地虽然称不上宽敞，但设备均为新置，且装潢雅致而又温馨，是当年桥迷闲暇时喜爱的去处。为庆贺其开张，该中心于 1973 年年初举办第一届诗文杯桥赛，吸引了高达四十五支队伍热情捧场。经过两个月的激烈竞争，成绩揭晓，结果如下：

冠军新新队：黄乐新、陈一英、严以夏、杨尚台、瞿伟、陈国榕

亚军联友队：张溪圳、张英村、吴永成、陈文祥、洪荣松、韦思陇

季军金龙队：董岐龙、胡勇超、方任、曹炎炎、赵明辉、储以人

殿军“行政院”队：汪锟、颜明智、耿成章、高喜六、古诗豪、罗济相

下面是决赛时，新新队对“行政院”队的一牌：

♠A1073
♥985
♦J82
♣1092

北
西　　东
南

♠KQ6
♥AK3
♦AK7
♣AJ63

西	北	东	南
“行政院”	新新	“行政院”	新新
	瞿伟		陈国榕
	Pass	Pass	2♣
Pass	2♦	Pass	2NT
Pass	3NT	All Pass	

2♣是人为强牌，2♦是等待叫，再叫2NT示24-25点，最后由笔者主打3NT定约。

西家首攻♥Q，明手摊牌后，笔者仔细推算，南北两手牌力虽已高达29点，但顶张赢牌却只有八墩。要完成九墩，必须黑桃3-3分配，或者方块击落双张Q，又或梅花上可以发展一墩，是一个机会相当好的定约。

东家首张跟♥ 7，笔者跟 3，先礼让一墩。西家续引♥ 10，东家跟 4，笔者♥ A 赢进，自手中出小梅花。西家立即以♣ Q 吃进，再引第三圈红心，笔者♥ K 赢吃这一墩。东家是双张红心，垫掉一张黑桃。现在笔者拔♠ K–Q，试一试黑桃的分配，西家在第二圈抛掉一张梅花，原来黑桃是 5–1 分配。接下来在笔者提取♣ A 时，东家垫掉♦ 3，想不到梅花竟然也是 5–1 分配。

虽然每一门花色都是坏分配，但防家的牌型却已经一清二楚地显示出来了，西家是 1–5–2–5，而东家则是 5–2–5–1，那么现在的残局就应该是：

	♠A10 ♥-- ♦J82 ♣10	
♠-- ♥62 ♦?? ♣K8	北 西　　东 南	♠J9 ♥-- ♦???? ♣--
	♠6 ♥-- ♦AK7 ♣J6	

敌情既已明朗，笔者疑虑一扫而空，接下来拔掉♦ A–K，虽然没有击落西家的♦ Q，但送出方块之后，东家只能再取一墩方块，然后迫引黑桃，投到明手 A–10 的崁张，让笔者赢足九墩而完成定约。

全手牌情如下：

	北	
	♠A1073 ♥985 ♦J82 ♣1092	
西 ♠8 ♥QJ1062 ♦64 ♣KQ854		东 ♠J9542 ♥74 ♦Q10953 ♣7
	南 ♠KQ6 ♥AK3 ♦AK7 ♣AJ63	

这手牌，虽然每一门花色的分配都奇坏无比，但畸形的分配，足以让庄家对全手牌情有一幅完整的图案，完成定约反倒是水到渠成，易如探囊取物。

第一届诗文杯桥赛，是笔者踏进台北桥坛年余，首度在队制赛中夺冠，初尝喜悦与兴奋的胜利滋味。

04 陈年往事

瞿伟是笔者四十余年好友，曾于1973年年初与笔者搭档加入新新队，夺得第一届诗文杯冠军。瞿伟于台湾师范大学毕业后，曾短暂任职于美国大通银行台北分行，后赴香江，亦服务于金融界。20世纪70年代中远赴南非，创业有成后东返，目前定居于深圳。瞿伟性喜桥事，曾多次入选南非代表队，争战百慕大杯及非洲杯。其人桥技精湛，自是不在话下。下面这手牌是他在20世纪70年代早期的代表作。

	北	
	♠Q106 ♥543 ♦QJ62 ♣KQ7	
西 ♠KJ872 ♥2 ♦87 ♣AJ953		东 ♠9543 ♥KQJ109 ♦3 ♣842
	南 ♠A ♥A876 ♦AK10954 ♣106	

叫牌过程如下：

西	北 陈国榕	东	南 瞿伟
			1♦
1♠	2♦	2♠	3♥
3♠	4♦	Pass	Pass
4♠	5♦	Pass	Pass
Dble	All Pass		

笔者与瞿伟玩盘式桥牌，对抗二位南台好手，在激烈竞叫之下，笔者过度乐观，最后抢到被处罚的方块一局。

西家首攻♥2。从东西方牌力不多，必赢墩更是屈指可数的情况下，西家最后竟能施以加倍，瞿伟判断这张♥2必属单张无疑，乃以♥A赢进，清两圈大将牌，然后从手中出♣10。西家怕它是单张，立即♣A吃住，转攻♠7。瞿伟手上单张♠A赢进，再取两墩梅花，手上垫掉一张小红心，拉回♠10，手上将吃，由将牌下桥，形成下述残局：

	♠Q ♥54 ♦Q ♣--	
♠KJ8 ♥-- ♦-- ♣J	北 西 □ 东 南	略
	♠-- ♥87 ♦109 ♣--	

现在由明手出♠Q，翟伟手上抛掉红心失张。西家♠K吃进，全手黑牌，不论回攻黑桃或是转攻梅花，明手都以♦Q将吃，手中则垫掉另一红心失张，全手牌只丢♠K及♣A，完成被处罚的5♦定约。

05　吃尽补蛋

1971 年夏天，笔者踏入台北桥坛，十分沉迷于桥牌。记得在 1972 年，为了能够准时参加中国之友社的正点赛，不惜辞去航空公司的工作。这一年多以来，由于过度专注于桥牌，竟至冷落了相交多年的女友。大约这一年夏末初秋时分，她潇洒地告别了多年的恋情，挥一挥手，只身远赴纽约，寻求她的另一个人生。

由于有桥牌相伴，很快地就填补了内心的怅然与空虚。1973 年春天，承某桥友介绍，结识了一位任职于三军总医院的护士小姐。在这一段交往的日子里，她也很认真地学着桥牌，但或许传授不得法，或因时日尚短，离入门仍有一段距离。有一晚，我们携手参加了正点赛，过程并不意外，我们吃了不少鸭蛋，其中有一个蛋是这样得来的：

西	北	东
	♠AKJ7 ♥J8 ♦KQ8765 ♣K	
♠Q52 ♥1053 ♦J1042 ♣J52	北 西 □ 东 南	♠1063 ♥972 ♦A93 ♣Q873
	♠984 ♥AKQ64 ♦-- ♣A10964	

叫牌过程是这样的：

北	南
她	我
1NT	2♣
2♦	2♥
3♦	4NT
5♦	6♣
Pass	

从叫牌来看，她开叫 1NT 是表示 16−18 点，牌型不拘，以后叫两次方块，表示六张牌组。她最后 Pass 6♣，或许认为梅花是同伴先叫出的牌组，想必同伴的梅花比红心好，而她还有一张♣ K 呢！

西家首攻♦ J，明手盖 K，东家上 A。笔者手中以♣ 4 将吃，然后出♠ 4，西家跟 2，明手 J 飞过，赢到了。于是明手提掉♦ Q，手中抛掉小红心，然后再出方块，手中以♣ 6 将吃。接下来，明手提掉♠ A−K，手上再兑取三墩大红心，敌方的高花都是 3–3 分配，并没有人将吃。牌局进行到这里，笔者已经赢到九墩了，剩下四张牌的残局是：

北：♠7 ♥-- ♦87 ♣K

西：♠-- ♥-- ♦10 ♣J52

东：♠-- ♥-- ♦-- ♣Q873

南：♠-- ♥6 ♦-- ♣A109

轮到庄家出牌，笔者出♥ 6，西家垫掉♦ 10，明手以♣ K 将吃，东家低垫♣ 3。明手续出♠ 7，东家♣ 7 将吃，笔者以♣ 9 盖过，西家♣J 超将吃。由西家出牌，笔者手中 A–10 的将牌，活捉了东家的 Q–8，终于完成了这个不寻常的定约。

看出来了吗？南北方可以完成 6NT 定约，而若是以高花作为将牌，甚至可以轻轻松松地取得所有的十三墩呢！

06 坚守原则

早年笔者参加正点赛，经常会坚守一个原则，那就是没有高低限的顾虑，只要同伴邀请，笔者必然叫成一局。

和那位护士小姐的交往也已经有一段时日了，由于相处时话题总离不了桥牌，她的技巧也就在不知不觉中日益熟练，早已不是当日之吴下阿蒙了。于是有一晚，我俩再度前往中国之友社，共享正点赛的乐趣。

有一副牌，笔者是第一家，拿了：♠Q9 ♥K102 ♦A10873 ♣A106。笔者开叫1♦，她回答1♠，笔者再叫1NT，她以2NT邀请。笔者大牌虽然只有13点，但加上三个“10”的辅助价值，当然坚守原则，叫上3NT。叫牌经过是：

西	北	东	南
	她		我
			1♦
Pass	1♠	Pass	1NT
Pass	2NT	Pass	3NT
All Pass			

西家首攻♥ 3，明手的牌是这样的：

	北	
	♠KJ108 ♥Q4 ♦Q5 ♣Q8742	
西		东
	南 ♠Q9 ♥K102 ♦A10873 ♣A106	

明手跟♥ 4，东家 A 吃进，续攻♥ 5，到明手 Q。要完成定约，梅花是一定要发展的，如果西家的梅花是双张带 K 或 J，定约就轻松了。于是明手拉回♣ 2 到手中 A，西家跟 5，然后再出♣ 6，西家跟出 J，明手盖 Q，东家 K 吃了。

东家再接再厉，又回攻♥ 8，逼出手上红心的最后一个挡张。接下来，笔者拔掉♣ 10，西家垫了一张小方块，然后手中再出♠ 9，明手的♠ 10 盖过，敌方让过了这一圈。现在明手提吃两墩好梅花，手上抛掉两张方块，东家一无困难地垫掉两张黑桃。西家先垫一张方块，在第五圈梅花时考虑良久，最后抛掉黑桃。

西家首攻长门，判断他应该有一些上手张，再从敌方的垫牌，判断西家像是 3–4–4–2 的牌型，那么，现在的残局就应该是这样的：

西	北	东
	♠KJ ♥-- ♦Q5 ♣--	
♠A ♥J ♦K? ♣--	北 西 □ 东 南	（略）
	♠Q ♥-- ♦A108 ♣--	

明手出♠ K，西家 A 吃进，再取♥ J，明手抛掉♠ J，然后西家引出♦ J，明手盖 Q。当♦ Q 赢到时，定约就够九墩了。四家牌张分配如下：

西	北	东
	♠KJ108 ♥Q4 ♦Q5 ♣Q8742	
♠A62 ♥J963 ♦KJ92 ♣J5	北 西 □ 东 南	♠7543 ♥A875 ♦64 ♣K93
	♠Q9 ♥K102 ♦A10873 ♣A106	

她取出计分纸，记下我们的成绩，笔者以相当自信的语气问她："是不是得了一个 TOP？"

她皱了一下眉头，说："你打得不好，有一桌打 3NT，超打一墩呢！"

她哪里知道这是一个困难的定约，虽然庄家找到了正确的路子，但也依赖了敌方的小小失误。她当然不知道，若是东家♣K 上手时转攻方块，建立同伴的♦K；或是转攻黑桃，不论西家礼让一圈或者♠A 赢进并续引黑桃，打掉明手提吃梅花的桥引，定约都不可能成功。

07 牙医谱

1973 年 11 月，位于锦州街的诗文桥艺中心举办了第二届诗文杯桥赛，吸引了三十队参与角逐。经过激烈竞争，结果如下：

冠军中兴法商队：黄澄圃、黄明福、罗五湖、陈光、田隆、翁文进

亚军新新队：方任、赵明辉、陈国榕、韩国强、王庆禾、董岐龙

季军“行政院”队：汪锟、耿成章、颜明智、周泗、赵章、古诗豪

殿军六全队：侯友松、刘家从、夏瑞冬、于贻台、高建群、李金陵

新新队在决赛遭遇中兴法商队时，出现了下面这一副令人难忘的牌局。这是第 5 副牌，北家发牌，南北方有局。

笔者是第三家，拿了♠ AJ1087 ♥ 43 ♦ KQ2 ♣ K75，同伴开叫 1 ♦，东家超叫 1 ♥，笔者理所当然地自由叫 1 ♠，西家支持红心，加叫 2 ♥，同伴再叫 2 ♠，东家 Pass。又轮到笔者叫牌，手持 13 大点，五张将牌，又极度配合同伴开叫

的牌组，于是笔者跳叫黑桃一局，西家 Pass。

笔者原以为 4♠就是最后定约了，没想到同伴异军突起，又叫了一声 5♣，东家加倍。这一声 5♣是试探满贯的控制力叫牌，笔者梅花有 K，方块又配合，当然要捧场。于是笔者叫 5♦，西家 Pass，同伴跳叫 6♠，西家加倍。最后定约由笔者主打被处罚的黑桃小满贯，叫牌过程是这样的：

西	北	东	南
中兴法商	新新	中兴法商	新新
	1♦	1♥	1♠
2♥	2♠	Pass	4♠
Pass	5♣	Dble	5♦
Pass	6♠	Pass	Pass
Dble	All Pass		

西家首攻♣ Q，明手牌如下：

♠Q62
♥--
♦AJ98754
♣A104

北

西 东

南

♠AJ1087
♥43
♦KQ2
♣K75

同伴的牌感实在令人折服，虽然只有11点牌开叫，最后依然主动叫到满贯，唯一可惜的是找错了将牌。在南家叫出5♦之后，北家的最佳叫品是5♥，然后南家再叫6♦，北家Pass，这是一个无从击垮的定约。而现在，6♠前景不明，生死未卜，心中略有忐忑不安之感。

首攻♣Q，笔者手上K吃进，明手♠2将吃红心，清将牌，拉回♠Q，东家跟9，手上放7，西家先礼后兵，丢出♠3。如果西家赢了这一墩，任何回攻，笔者都可以轻易成约，如今他让过，增加不少困难。当下笔者只能由♦K回到手上，再出红心，明手最后一张将牌♠6将吃。

笔者盘算，防家的红心共有十一张，可能是6–5分配，东家处罚梅花，应该是J带头的五张梅花。如果笔者的猜测正确，东家的分配是1–6–1–5，西家则是4–5–2–2，那么现在的残局极可能是这样的：

	♠--	
	♥--	
	♦AJ9875	
	♣A10	
♠K54	北	♠--
♥xxxx	西　东	♥xxxx
♦x		♦--
♣x	南	♣Jxxx
	♠AJ108	
	♥--	
	♦Q2	
	♣75	

现在只要驱出西家的♠K，清光将牌，桌上的方块垫掉手上的梅花失张，定约就成了。可是在上手敲将牌之前，别忘了最重要的牙医谱（Dentist Coup），必须先行剥光西家的低花，避免他♠K吃进后，打一张低花到桌上，

庄家就无法回到手中清将牌了。于是笔者拔掉♣A，由♦Q回手，拔♠A，送黑桃。西家♠K吃进，全手都是高花，无法阻止笔者上手抽光将牌，将梅花失张交代在明手的方块，完成被处罚的黑桃满贯。

全手牌情如下：

北
♠Q62
♥--
♦AJ98754
♣A104

西
♠K543
♥K10872
♦106
♣Q3

东
♠9
♥AQJ965
♦3
♣J9862

南
♠AJ1087
♥43
♦KQ2
♣K75

在另一桌，中兴法商队南北方的最后定约停在4♠，超打一墩，我队净赢980分，14国际序分。

08 强迫中奖

1974 年夏天，由金龙桥社赞助及主办的第一届金龙杯桥艺大赛，在博爱路清峰棋桥社热闹登场。由于主办单位规划得宜，工作人员热心积极，加上倡导有方及促销得法，在桥界造成莫大回响，虽是炎炎夏日，竟吸引了空前的六十一队热情参与，是台湾有史以来最具规模、参加人数最多的一次桥赛盛会。比赛历时两个月，在 8 月底隆重谢幕，由少爷队夺得冠军，中交队亚军，BTU 队季军，CP 队殿军。

笔者与洪荣松搭档，效力联友队，虽然挤入最后的八强决赛，但队友运动精神颇不理想，首场以 −2∶8 大败于 CP 队之后，即连续多场弃权，是八队中唯一未获奖的队伍。

CP 队由法官陈继平领军，麾下均为强手，技术水准显是一流。联友队决赛首场与其交锋，虽说是技差一等，但结局竟然是 −2∶8，溃不成军，确属始料未及。

联友队虽大败，笔者却在如下一牌局有高水平演出，让对手一时间倍感压力。笔者坐南家，拿了♠ AQ74 ♥ K94 ♦ J842 ♣ K4，东家第一家 Pass，笔者正与同伴讨论前面一牌，也跟着很快地 Pass，忘了开叫。西家也 Pass 之后，同伴第四家开叫 1♣，之后的叫牌过程如下：

西	北	东	南
CP队	联友队	CP队	联友队
	洪荣松		陈国榕
		Pass	Pass
Pass	1♣	1♦	2♦
Pass	2♥	Pass	3NT
All Pass			

西家首攻♦ 9，明手牌如下：

♠J53
♥Q1063
♦AQ
♣A873

北

西　　东

南

♠AQ74
♥K94
♦J842
♣K4

笔者以明手♦A 赢进首墩，出小黑桃到手中 Q，被 K 吃去。西家再攻♦7，东家 K 吃 Q，然后转攻♣10，笔者以♣K 吃进。

笔者盘算，目前赢牌只有六墩，如果黑桃非是 3–3 分配，则只有赢足三墩红心，定约才够九墩。东家曾经超叫过 1♦，但直到目前，他的牌力仅出现过♦K，且已知两门黑牌的大牌都在西家手中，则东家必然持有未见的♥A–J。

于是笔者由♠J 下桥，拉回小红心，东家跟小牌，手中出 9，吃到了，可见♥J 确在东手。下一步，笔者再出♥K，又赢到了，但♥J 仍未现身，可见东家持有四张红心。已知他的方块是 K–10 五张，那么他的黑牌分配又是如何呢？

接下来笔者拔掉♠A，东家在这一圈抛一张小方块。下一圈笔者出梅花到明手 A 时，看到东家又跟了一张梅花，于是笔者确定他的牌型是 2–4–5–2 的分配。此时大家都剩下四张牌，残局应该是这样的：

西	北	东
	♠--	
	♥Q10	
	♦--	
	♣87	
♠10		♠--
♥--		♥AJ
♦--		♦106
♣QJ9	南	♣--
	♠7	
	♥4	
	♦J8	
	♣--	

现在是明手出牌，笔者送出♥Q，东家只能A吃，再赢取♥J，然后追引方块。笔者的方块是J–8，正好活捉他的10–6，于是乎，不折不扣赢足九墩，完成

3NT 定约。

四家牌情如下：

	北	
	♠J53 ♥Q1063 ♦AQ ♣A873	
西 ♠K1062 ♥52 ♦97 ♣QJ962		东 ♠98 ♥AJ87 ♦K10653 ♣105
	南 ♠AQ74 ♥K94 ♦J842 ♣K4	

请注意，桌上送红心时，必须出♥ Q，强迫东家上手引牌。如果桌上出♥ 10，则东家可以用 A 吃，然后引♥J 到桌上 Q。明手只剩下梅花，西家势必赢得最后两墩梅花而击垮定约。

09 吉星高照

笔者年轻时热爱桥牌，三十岁前后的那几年，日子都是在牌桌上度过的，除了参加中国之友社的正点赛及杯赛，也玩过不计其数的盘式桥戏。每当笔者回首往事，昔日牌局浮现眼前，历历在目，仿佛又回到重现的昨日之中。

有一次与小法官陈力伟做伴玩盘式桥戏，出现了下面这手牌，双方无局，同伴开叫。

♠104
♥A1042
♦A95
♣AK108

北
西　　东
南

♠J83
♥QJ8765
♦3
♣732

西	北	东	南
	1♣	1♠	Pass
Pass	1NT	Pass	2♥
3♦	3♥	Pass	4♥
Dble	All Pass		

竞叫过程中，笔者原以为同伴持 19 点以上的平均牌，加上单张方块，才会在最后加成 4♥。明手摊牌后，才知道原来他只有 15 点，我们两手的牌力比敌方少，怪不得西家会处罚最后的定约。不过同伴的点都是好点，加上梅花有一张 10，如果♥K 生在西家，或者西家持有♣Q–J，成约应不困难。

西家首攻♠A，东家跟♠6，西家转攻♦Q。笔者以明手♦A 赢进，送黑桃，东家♠Q 赢了这一墩，西家跟出♠5。东家接着出♦K，笔者将吃之后，手中出♥Q，西家跟♥9。笔者盘算，已知西家有♠A 及♦Q–J，如果他还有♥K，在同伴超叫之后，应该会叫一声 2♦才对，那么这张♥K 就应该在东家了。于是明手出♥A，希望能击落东家的单张 K。然而这个希望落空了，东家跟出的是♥ 3。

将牌必丢一墩，黑桃已失两城，手上的梅花该如何交代呢？明手有♣ 10，要不要双偷呢？笔者思考，东家应该是六张黑桃，否则西家应该加叫支持黑桃才对。西家也应该是六张方块，东家是三张方块。如果东家的红心是双张K，那么他就只有两张梅花，而他的牌型是 6–2–3–2 的分配。笔者接着桌上出♦ 9，东家跟出♦ 4，手上将吃，然后再出♠ J，西家抛掉方块，明手将吃。这两圈证实了笔者的判断，东家确实是 6–2–3–2 的牌型，那么，现在的残局就应该如下：

<table>
<tr><td></td><td>♠--
♥104
♦--
♣AK108</td><td></td></tr>
<tr><td>♠--
♥--
♦J10
♣????</td><td>北
西　　东
南</td><td>♠K97
♥K
♦--
♣??</td></tr>
<tr><td></td><td>♠--
♥J87
♦--
♣732</td><td></td></tr>
</table>

接下来的，仅是例行公事罢了，明手拔掉♣ A–K，然后送出将牌。东家♥ K 进手，全手剩下黑桃，不得不让笔者手上抛掉梅花失张，明手将吃，完成加倍的 4 ♥定约。四家牌情如下：

	♠104 ♥A1042 ♦A95 ♣AK108	
♠A5 ♥9 ♦QJ10872 ♣Q954	北 西 东 南	♠KQ9762 ♥K3 ♦K64 ♣J6
	♠J83 ♥QJ8765 ♦3 ♣732	

笔者吉星高照，顺利完成加倍的定约，于是“郑重地”对坐在对面的小法官说：“下次除非你有 19 点以上的牌力，否则你不能重开 1NT。”他点点头，给笔者一个满意的微笑。

10 部分定约之战

大约是 1974 年或 1975 年，盘式桥戏中的一副牌，双方无局，笔者是第四家，拿：♠ Q108 ♥ A87643 ♦ K6 ♣ A4。

在两家 Pass 后，笔者右手的东家开叫 1 ♦。笔者虽然有足够的牌力，牌型并不适合逼叫加倍，因而笔者超叫 1 ♥。西家叫 1 ♠，同伴叫 1NT。轮到东家叫牌，他又叫了 2 ♣。桌上的四个人叫牌都很热烈，不过我相信同伴，如果他牌力不够的话，他是不会叫 1NT 的。

同伴是 8−11 点的平均牌，笔者跳叫 3 ♥，希望同伴能在红心上叫成一局，结果三家都 Pass，这 3 ♥就成了最后定约。叫牌过程是这样的：

西	北	东	南
Pass	Pass	1♦	1♥
1♠	1NT	2♣	3♥
All Pass			

西家首攻♦ 9。同伴摊下牌来：

♠A6532
♥K2
♦J104
♣Q83

北

西　　东

南

♠Q108
♥A87643
♦K6
♣A4

定约看来还不错，低花各失一墩，如果红心好分配，则只丢一墩将牌，只要黑桃不输两墩，定约即可完成。不过，庄明两手大牌已有 23 点，西家能自由回答 1♠，总有 6 点牌吧。那么东家的牌力最多也不过 11 点，开叫 1♦在先，二阶又再叫 2♣，唯一的解释就是牌型十分有利。从西家首攻♦ 9 看来，东家该有六张方块，而他的梅花也可能有五张，于是可以推算出，他的高花就只有两张了。他不可能有两张黑桃而红心缺门，否则西家就不可能答叫 1♠，而且西家若是拿了 QJ10 五张将牌，应该会处罚这个三阶的定约吧。

西家首攻♦ 9，明手跟小牌，东家 A 赢进，转攻♠J，笔者手上盖 Q，西家扑 K，桌上的 A 一网予以打尽。从东家的转攻，可以推测出东家应该是 1–1–6–5 分配。笔者屈指一算，将牌必丢两墩，低花又各有一失张，除非黑桃不再有失，否则定约必宕无疑。

当下笔者由明手出将牌♥ 2，东家掉下 J，笔者 A 取，拔掉♣ A，送出梅花到明手 Q，东家 K 赢进。东家回攻♦ 8，笔者 K 赢吃，西家跟出 3。现在笔者清第二轮将牌到明手♥ K，西家跟出，东家垫一张♦ 2。笔者接着将吃第三圈梅花回到手中，西家跟出 J。牌局进行至此，一切都符合笔者的预期，那么现在的残局就应该是：

	北	
	♠6532 ♥-- ♦J ♣--	
西 ♠974 ♥Q10 ♦-- ♣--	北 西　□　东 南	东 略
	♠108 ♥876 ♦-- ♣--	
	南	

最后迫出的形势都安排妥当了，笔者送出将牌。西家赢取♥ Q–10 后，全手黑桃，而不得不弃子投降。笔者全手失两墩将牌、一墩方块及一墩梅花，3 ♥定约正好定成。四家牌情如下：

	北	
	♠A6532 ♥K2 ♦J104 ♣Q83	
西 ♠K974 ♥Q1095 ♦93 ♣J76		东 ♠J ♥J ♦AQ8752 ♣K10952
	南 ♠Q108 ♥A87643 ♦K6 ♣A4	

事后检验，庄家处理梅花前，先清一圈将牌，是预防西家持♣ K，上手后引黑桃给东家将吃而击宕定约。而庄家清将牌时，必须先提取手上的♥ A，保留明手的♥ K，作为进入明手的桥引，以便将吃第三圈梅花。本牌，唯有剥光两门低花，终局时投入西家，迫引黑桃，否则定约无法完成。

11 改弦易辙

1974 年，在繁华热闹的西门闹区里，由围棋高段张子建君主持的远东棋桥中心，在车水马龙的中华路上诞生了。该中心成立初期，张君积极推动桥运，定期举办各种赛事，吸引了许多桥迷的热情捧场。

1975 年 2 月 12 日，正值春节期间，该中心体察桥迷普遍嗜桥之心，特地举办了“春节论对赛”。在初赛中，出现了下面这手牌：

♠KJ6
♥J84
♦Q5
♣AK975

北

西 东

南

♠AQ432
♥AQ6
♦AK82
♣Q

叫牌过程如下：

北	南
	1♠
2♣	3♦
4NT	5♠
5NT	6♦
7♠	Pass

笔者坐南家，3♦示第二门花色，牌力为 19–21 点。北家的 4NT 及 5NT 均为黑木氏特约，得知南家有三张 A 及一张 K 后，束叫于黑桃大满贯。西家首攻♣J，笔者手上单张 Q 赢进。

赢进首墩之后，笔者苦思，想找出机会最大的打法。如果敌方的将牌是 3–2 分配，则清三圈将牌停在明手，提掉♣A–K，手上垫掉一张红心及一张方块，如果敌方都跟出，则桌上出第四圈梅花，手上将吃，然后由♦Q 下桥，第五张梅花抛掉手上的♥Q，定约就成功了。如果敌方的梅花非 4–3 分配，无法打大第五张梅花，则还有偷红心的机会，只要东家有♥K 即可成约，这是 50% 的机会。另外还有一种打法，就是明手将吃一次方块，然后再以大梅花垫掉两张红心，但这样打，必须关键的花色都好分配，机会并不佳。

于是第二墩，笔者手中拔♠A，再出♠2 到明手 K，敌方都跟出两圈将牌。桌上续清♠J，东家跟出，笔者手中跟小将牌，西家垫掉♥2。现在仍由明手出牌，笔者兑吃♣A，抛掉手中的♥6，想不到西家竟然垫了一张♦3，红黑分明，原来敌方的梅花是 6–1 分配。建立梅花的计划既然行不通，是不是接下来该偷东家的♥K 呢？

笔者再度思考，西家两门黑牌只有三张，垫牌时垫掉红心及方块各一张，看起来，牌型极像是 2–5–5–1 的分配。果真如此，东家持有♥K 的概率就只有 28%（2/7），而西家持有这张牌的可能性却高达 72%（5/7）。

看起来机会较大的打法是挤西家两门红牌，于是笔者改弦易辙，明手出♥4，手上 A 吃起，不偷，然后再清两圈将牌，明手垫掉♥8 与♣7，打成如下的残局：

北：♠--　♥J　♦Q5　♣K9

西：♠--　♥K　♦????　♣--

东：（略）

南：♠--　♥Q　♦AK82　♣--

现在由♦ Q 下桥，明手提取♣ K，手上抛掉♥ Q。西家果然持有♥ K，在这一墩受挤，抛掉一张方块，于是笔者手上方块全大，定约回家了。全手牌情如下：

西	北	东
	♠KJ6 ♥J84 ♦Q5 ♣AK975	
♠105 ♥K9732 ♦J9643 ♣J	北 西 □ 东 南	♠987 ♥105 ♦107 ♣1086432
	♠AQ432 ♥AQ6 ♦AK82 ♣Q	

事后检验，这是维也纳谱（Vienna Coup）的牌例，打出挤张♣ K 之前，庄家必须先提掉手中的♥ A，以舒通桥路，否则♥ A 阻桥，定约无法成功。另外，如果西家首攻方块，破坏终局时进入明手的桥引，庄家无法打出挤牌，定约也就注定了失败的命运。

打牌过程中，庄家放弃了明手将吃一次方块的打法，乃是正确的思维。因为，此一打法必须两门低花都是 4-3 分配，概率不到 40%，较单偷♥ K 的 50% 更低了许多。

这手牌，7 ♠绝非理想的大满贯定约，当北家得知南家仅有一张 K 时，就应该束叫于小满贯。因为，不论南家的 K 是在红心或方块上，完成大满贯的概率都不会超过 50% 的。

12 天方夜谭之一

我认识一位法国友人，平生无他嗜好，唯有三件事缺一不可，这开门三件事乃是：桥牌、旅行、讲故事。他从当地报纸、杂志的报道中，得知台湾是一个风光明媚、四季如春的海岛乐园，加上台湾的桥牌又是世界一流水平，强如Blue Team亦曾称臣于中华队。他心向往之，便搭乘一班Air France的波音747，经香港，转华航班机飞抵台北。

我到机场接机，在前往预订的饭店途中，他迫不及待地讲了一个故事：

有一次玩盘式桥牌，敌方有局，我方无局，我是第四家，拿：♠KJ87654 ♥ —— ♦ QJ10 ♣ QJ10。北家Pass，同伴开叫了3♥，他叫什么牌都好，却偏偏叫了我缺门的红心，你说该怎么办呢？

正在我不知如何是好的时候，我的上家却给了我一个意外的惊喜，他叫4♠，良机不再，此时不杀，更待何时？敌方有局，宕一墩200分，宕两墩就是 500 分了。我光是将牌就可以吃他四五墩，同伴虽是弱牌开叫，吃他一两墩红心总没问题吧！要是换了你，Mon cher ami，你也一定会处罚吧！我下令处罚，还特别大喊一声“Double”，以免同伴心虚，改叫红心定约，被敌方处罚，岂不是煮熟的鸭子又飞了？

下家的脸色不太好，想了很久，叫了一声“Redouble”，同伴 Pass，上家也 Pass，我赶紧跟着 Pass。在我还来不及攻牌之前，下家就说了：“我 Redouble 是求救，希望能找到低花配合，你怎么 Pass 呢？”上家说：“已经无处可逃了，还是听天由命吧！”我当然不至于笨得替庄家攻将牌，随手攻了一张♦ Q。明手的牌是：

	北	
	♠--	
	♥765	
	♦K6543	
	♣K6543	
西		东
♠KJ87654		
♥--		
♦QJ10		
♣QJ10		
	南	

明手的牌有多好？除了两张破 K 外，一张将牌也没有，你说这定约要宕几墩呢？

庄家手上♦ A 吃掉我的 Q，再打方块，明手♦ K 吃，出第三圈方块，手上将吃。然后他提掉♣ A，再打小梅花，明手♣ K 吃，出第三圈梅花，手上又将吃。庄家已经吃到六墩牌了，现在他无牌可出，随手丢出一张♥ 2。

真糟糕！我全手都剩下将牌了，只得用最小的一张♠4将吃。同伴抛♥A，并且狠狠地瞪了我一眼，意思是问我为什么要将吃他的赢张呢？真是天晓得！我出♠8，庄家用9吃，再丢出一张♥3。我用♠5将吃同伴的♥K，出♠7，庄家10吃，又送出♥4，我♠6将吃，同伴抛♥Q。又轮到我出牌了，我的将牌是K-J，庄家的将牌是A-Q，不用说，他又吃了最后两墩牌，而完成了这个再加倍的定约。四家的牌是这样的：

	♠-- ♥765 ♦K6543 ♣K6543	
♠KJ87654 ♥-- ♦QJ10 ♣QJ10	北 西　　东 南	♠-- ♥AKQJ1098 ♦987 ♣987
	♠AQ10932 ♥432 ♦A2 ♣A2	

真没想到我这么好的将牌只能吃到三墩，而敌方的4♠定约，却是怎么打也打不宕的。我真有点悔不当初，白白地多送了530分，加上成局的700分，一共是1230分。

除了同情他的不幸遭遇之外，还有什么话好说呢？

13 天方夜谭之二

上一篇“天方夜谭之一”，是笔者 20 世纪 70 年代早期发表在《中国桥艺》杂志、并以“天方夜谭”为名的一副妙牌，后来收录于 1977 年出版的《桥味无穷》一书中。在当时，许多朋友都认为这是无稽之谈，只能当作一个桥牌故事，提供茶余饭后的闲话数据罢了。然而，下面这一副类似的牌局，却是一个真实的故事。

1975 年夏天，笔者与林志谋君搭档，加入胜宏队，角逐第一届记者杯。这是胜宏、行队之战的第九副牌，北家发牌，东西方有局：

	♠1085 ♥5 ♦QJ6 ♣AK10876	
♠K4 ♥KJ8764 ♦97 ♣QJ4	北 西 东 南	♠QJ932 ♥9 ♦K1084 ♣932
	♠A76 ♥AQ1032 ♦A532 ♣5	

西	北	东	南
行队	胜宏队	行队	胜宏队
	陈国榕		林志谋
	3♣	Pass	3♥
Dble	All Pass		

东西家打的是老式的自然制，加倍似乎是 Fishbein 特约，是处罚敌方，而非逼叫。西家首攻♦9，桌上盖 Q，东家跟 4，♦Q 赢了这一墩。明手接着出♠5，东家跟 2，庄家手中 A 取，西家跟 4。然后庄家出♣5，到明手 A，提掉♣K，抛掉手上的♠6，再引♣10，手上♥2 将吃。接着庄家提掉♦A，形成如下残局：

	北	
	♠108 ♥5 ♦J ♣876	
西 ♠K ♥KJ8764 ♦-- ♣--		东 ♠QJ93 ♥9 ♦K10 ♣--
	南 ♠7 ♥AQ103 ♦53 ♣--	

庄家送出♠7，西家♠K吃进，全手将牌，只得回抽将牌。庄家♥10吃掉东家的9，又丢出♦5，西家♥6将吃，反敲♥7，庄家♥Q又赢到一墩。总计庄家吃到了四墩将牌，加上♣A-K、♦A-Q，以及♠A，一共九墩牌，完成了这个被处罚的定约。

第二墩牌，庄家提吃♠A时，即使西家抛掉♠K，亦不能击垮定约。庄家送出第二圈黑桃，即使东家上手抽将♥9，庄家按兵不动，跟♥3，防家仍然无能为力。东家任何转攻，西家全手都是将牌，将被迫将吃，并遭到三度投入的噩运，定约必然成功。

14 未雨绸缪

1974年成立的远东棋桥中心，坐落在繁华的西门闹区，中华路上汉口路口，由围棋界名人张子建君坐镇主持。成立初期，因场地宽敞，设施新颖，是笔者在那两三年经常逗留的所在。

记得有一次，旅美的黄光明兄返台度假。某晚，他的老搭档沈君山博士与其相约，来远东作盘式桥戏消遣，由笔者及马道仁对抗这一对世界亚军。那一晚，我们手风相当顺，十盘下来，斩获颇丰。后光明兄心有未甘，约了他的令弟，就是人称“远东桥王”的光辉，再来一次十盘的盘式桥戏。这一次我们的手风就不顺了，将前一次的战果如数奉还。总结这两次桥戏，光辉是大赢家，光明兄、小马及笔者则达到尽兴的目的，而沈博士则是大输家。岁月匆匆，物换星移，这些都是近四十年前的陈年往事了。

下面这手牌，是笔者印象深刻、常记在心的一副牌，大约是 1976 年在远东一次盘式桥戏中发生的。

♠A874
♥A5
♦732
♣A642

北

西　　东

南

♠KQ3
♥KQ8742
♦K1054
♣--

叫牌过程是这样的：

北	南
1♣	1♥
1♠	2♦
2NT	3♥
4♥	Pass

敌方并没有插叫，西家首攻♣3。

明手牌摊下来，笔者一眼就看出，应该是十分容易的一局，只要将牌是 3–2 分配，或者黑桃是 3–3 分配，最后还有♦A 在东家的机会，任何一种情形，定约均可完成。可是说来奇怪，笔者忽生奇想，这手牌，会不会将牌是4–1分配，黑桃又非3–3分配，而♦A又在西家呢？如果牌情真是如此，定约还有机会吗？

于是明手♣A赢吃首墩，手中抛掉一张小方块，由♥2将吃小梅花回手，东家在这两圈跟♣J–K，西家跟出♣7。接着笔者拔♥K，出♥4到明手A，西家都跟出，而东家在第二圈将牌垫掉♣5，将牌果如笔者所担心的，是4–1分配。现在明手再出第三圈梅花，笔者手中以♥7将吃，西家跟出♣Q。笔者分析，西家比较像是有四张梅花，因而手中应该还有一张梅花。于是笔者提掉♥Q，然后出♠3到桌上A，续出第四圈梅花，手中最后一张将牌♥8将吃，西家跟出，果然是四张梅花。

东家前此已垫过一张梅花，现在敌方手中已无梅花，定约应该已经安全了。于是笔者手中提吃♠K–Q，如果这两墩都赢到，定约即已成功。但西家是双张黑桃，将吃第三圈黑桃，出小方块，寄望同伴有♦K，即可击垮定约。然而这张牌是在笔者手中，也正是完成定约的第十墩。四家牌情如下：

	北	
	♠A874 ♥A5 ♦732 ♣A642	
西 ♠105 ♥J1096 ♦AJ6 ♣Q973		东 ♠J962 ♥3 ♦Q98 ♣KJ1085
	南 ♠KQ3 ♥KQ8742 ♦K1054 ♣--	

笔者相信，绝大多数的庄家，处理这手牌时，一定是先清将牌，发现 4-1 分配后，送出第四圈将牌。然后将吃梅花回攻，手上提掉两张大黑桃，出第三圈黑桃到 A，发现 4-2 分配，最后由明手拉回方块到手上 K，被西家 A 赢去，定约以宕一墩收场。

有了这一副牌的教训，从此，笔者总会多花一些时间思考，并以“如临深渊，如履薄冰”的心情，抱着战战兢兢的态度来处理牌局。

15 天赐良机

在一个黑色星期五，和几位熟悉的桥手在远东玩盘式桥戏。那天手风出奇地不顺，所有的 game 和 rubber 都被敌方拿走，简直倒霉透了。笔者等待又等待，等待了漫长的一段时间，好不容易拿到一副不错的牌：♠ AK43 ♥ KJ84 ♦ K ♣ KJ107。

双方无局，笔者是第四家，在三家 Pass 后开叫 1 ♣，同伴回答 1 ♦。东家是啤酒不绝、人称“Beelu 顾”的顾兆河，认识他的人都知道，他在牌桌上总是不甘寂寞，有强烈的叫牌欲。这时候，他盖叫了一声 1 ♥，来表示他的牌力及牌组。笔者一手好牌，理所当然地叫出第二门牌组 1 ♠。西家是小林，台大毕业，后移民澳洲，仍经常返台，他现在叫了 2 ♥，支持东家的花色。在北家支持黑桃之后，东家继续抢叫 3 ♥，又轮到笔者叫牌了。

笔者哪甘示弱，3NT 随即脱口而出，西家 Double，同伴改回 4 ♠，Pass

到西家，小林又 Double。反正已经输了，要输就多输一点，谁怕谁，笔者 Redouble。再加倍的 4♠就成为最后定约，叫牌经过是这样的：

西	北	东	南
林顺和	田之欣	顾兆河	陈国榕
Pass	Pass	Pass	1♣
Pass	1♦	1♥	1♠
2♥	2♠	3♥	3NT
Dble	4♠	Pass	Pass
Dble	Pass	Pass	RDble
All Pass			

西家首攻♥ A，明手摊下牌来：

♠10986
♥7
♦108642
♣A43

北

西　　东

南

♠AK43
♥KJ84
♦K
♣KJ107

西家看到明手单张红心后，在第二手转攻♦ 9，东家上♦ A，击落了庄家的单张 K。东家续攻♦ Q，笔者以♠ 3 将吃，西家跟♦ 3。

笔者点燃一支香烟，开始长考。从西家方块上的高低信号看来，东家的方块有五张之多，东西家的红心应是 5–3 分配，西家二次加倍，应该有四张将牌。如果笔者推测无误，则东家的牌型应是 1–5–5–2，而西家是 4–3–2–4 的分配。

已知东家有♥Q 及♦A–Q–J，牌力已有 9 点，如果他再有♣Q，就有 11 点了，加上两门 5–5 分配的红牌，依 Beelu 顾的个性，绝不会第三家 Pass 而不开叫，结论是♣Q 应该在西家。西家是四张将牌，若是 Q–J 都在他手中，定约应无法作成。可是，东家的将牌如果是单张大牌，那就是天赐良机了。

盘算已定，笔者在第四墩手中出♣J，西家考虑后盖上 Q，明手 A 赢进。关键的时刻来了，明手出将牌，东家跟出的，正是笔者所期待的♠J。笔者看在眼里，乐在心里，以♠A 赢进。接下来，笔者提掉♥K，桌上垫掉小方块，再出小红心，明手将吃，手上赢吃♣K–10。东家手中已无将牌，第三圈梅花时抛掉一张方块。大家都剩下四张牌了，残局是这样的：

北：♠109 ♥-- ♦108 ♣--

西：♠Q75 ♥-- ♦-- ♣9

东：♠-- ♥Q10 ♦J7 ♣--

南：♠K3 ♥J ♦-- ♣7

现在手中出♣7，明手♠9 将吃，出♦10，东家是否盖 J 已无关紧要，笔者手上以♠K 将吃，西家只能低垫♠5。笔者现在出♥J，在仅剩两张牌时，使出

Coup En Passant 绝招，明手的将牌♠ 10 必取一墩，全手只丢♥ A、♦ A 及♠ Q，完成了这个加倍又再加倍的 4 ♠定约。

四家牌情如下：

	♠10986 ♥7 ♦108642 ♣A43	
♠Q752 ♥A95 ♦93 ♣Q962	北 西　　东 南	♠J ♥Q10632 ♦AQJ75 ♣85
	♠AK43 ♥KJ84 ♦K ♣KJ107	

16 左右逢源

1977 年，笔者踏进桥牌圈已经六年了，但痴痴迷恋桥牌的心，依然与日俱进，不减反增。那一年是一个好年冬，笔者与马道仁搭档，配合了张氏兄弟，先是在年初的主席杯中，击败众家好汉，登上王座；并于盛夏当中，一举摘下中华杯冠军。

为了在亚太杯中能有好的成绩，代表队乃不分昼夜，积极练牌。下面是一次练习赛中出现的有趣牌局，东家发牌，南北方有局：

♠10954
♥87
♦A983
♣A86

北

西 □ 东

南

♠A7
♥Q1054
♦KQ7
♣KQ53

西	北	东	南
李荣福	洪荣松	方兴台	陈国榕
		2♦	Pass
2♥	Pass	Pass	2NT
Pass	3♦	Pass	3NT
All Pass			

李荣福是张老四的徒弟，叫牌采张氏兄弟的追叫梅花制，开叫 2♦是一门六张高花的弱牌。洪荣松是笔者早年的搭档，我们打的是罗马梅花制，但上面的竞叫与罗梅制无关，3♦是询问有无黑桃牌组。南北二手既无高花配合，最后当然就叫上了 3NT。

西家首攻♠K，笔者 A 赢进，开始分析敌情。如果两门低花都是 3-3 分配，加上♠A，定约就够九墩了。然而，如果只有一门低花是 3-3 分配，则红心上必须取得一墩。笔者盘算，此时尚无试探低花之必要，遂由♣A 下桥，拉回红心，东家即以♥K 取，反攻小梅花，笔者以♣K 赢进。这两圈梅花，东家先跟 7 再出 4，显然是双张梅花。从东家不回攻黑桃看来，他应该是单张黑桃，果真如此，东家就有四张方块，全手牌是 1-6-4-2 的分配。

笔者进一步推敲，如果两门低花都是 4-2 分配，虽然庄家应可取得一墩红心，但这只是第八墩，而第九墩呢？虽然低花分配不利庄家，但笔者已是成竹在胸，提掉♦K-Q，再出第三圈方块到桌上 A。西家果然一如预期地垫掉小黑桃，证实了东家是 1-6-4-2 的牌型，此时的残局如下：

西	北	东
	♠1095 ♥8 ♦9 ♣8	
♠QJ86 ♥-- ♦-- ♣J10	北 西　　东 南	♠-- ♥AJ632 ♦10 ♣--
	♠7 ♥Q105 ♦-- ♣Q5	

现在明手出♥8，如果东家上 A 吃进，他只能提掉♦10，然后追引红心，投向庄家 Q-10 的怀抱，让庄家完成九墩牌。东家并不含糊，看清了这一点，于是跟小红心。笔者手中出♥10，赢进这一墩，拔掉♣Q，然后送出梅花。西家进手，剩下 Q-J-8 三张黑桃，不得不让明手取得一墩黑桃。定约经过波折起伏，最后依旧安然无恙地回家了。

四家牌情如下：

	♠10954 ♥87 ♦A983 ♣A86	
♠KQJ863 ♥9 ♦J2 ♣J1092	北 西 □ 东 南	♠2 ♥AKJ632 ♦10654 ♣74
	♠A7 ♥Q1054 ♦KQ7 ♣KQ53	

当明手出♥ 8 而东家跟小牌时，若笔者手上也跟小红心，继续由明手出牌，亦可达到异曲同工的效果。请看，明手出♦ 9，让东家的♥ 10 进手，东家全手都是红心，手上的红心即可再取一墩，加上♣ Q，定约也必然成功。

17 菲京旧事

1977年是笔者桥艺生涯中难忘的一年，相信对张溪圳、张英村两兄弟，及已故的马道仁亦然。先是，我们代表阳明山队，在年初的主席杯联赛中，以秋风扫落叶之姿，遥遥领先与赛各队，夺得冠军；接着又在中华杯中夺魁，并参与亚太杯的角逐。

1977年，第二十一届亚太杯（21st Asia Pacific Bridge Championships）举行于马尼拉，我们四位初生之犊，搭配了戴明芳及林宪助二位识途老马，参加本届比赛。本届比赛结果，在队制赛公开组的角逐中，我队获得季军，成绩差强人意。在公开双人赛中，张氏兄弟勇冠三军，横扫各路英雄好汉，摘下金牌，而笔者与马道仁君则勉强得到第六名。

时光飞逝，岁月匆匆，在将近四十年后的今天，笔者还清晰记得当时的情景。大会赛场设在新近落成、甫才营业的半岛酒店（Peninsula Hotel），设备新颖，客房舒适宽敞。大厅尤其挑高，入夜即有乐队演奏，乐声悠扬，自半空中飘落，香醇的咖啡，醉人的 San Miguel，斯时斯景，让笔者终生难忘。

本届大赛《每日快报》主编、《纽约时报》（*New York Times*）桥牌专栏主笔 Alan Truscott，在《每日快报》第五期报道了下面这手牌。第十副牌，南家发牌，双方有局。

♠AKJ7
♥652
♦K1098
♣J9

北
西　　东
南

♠86
♥AJ9874
♦A4
♣A107

西	北	东	南
	Cummings		Seres
	马道仁		陈国榕
			1♥
Pass	1♠	Pass	2♥
Pass	4♥	All Pass	

两桌叫牌过程相同，简单明了，最后定约都是南家主打 4♥。

在我们这桌上，西家首攻♦6，明手出 8，东家盖 J，笔者 A 赢吃，送出小梅花。西家立即♣K 赢吃，转攻♠10 到明手 A。庄家清将牌，从明手出小将牌，东家抛掉一张梅花，红黑分明，将牌竟然是 4−0 分配。梅花已失一城，若是将牌再丢三墩，定约就不保了。

笔者思考，西家首攻的♦6，显非第四大牌，否则根据“十一定律”，东家就不应持有♦J 了。据此，笔者判断西家是从三张的花色中首攻，因而他的全手牌应是 3−4−3−3 分配。若是，则成约易如探囊，殊非难事矣。

既经谋定，笔者在这圈将牌跟♥9。西家以♥10 赢进，续引第二圈黑桃。明手♠K 赢吃后，又出第三圈黑桃由手中♥4 将吃。然后笔者提掉♣A，由明手将吃一次梅花，再提掉♦K，手上将吃第三圈方块。四家都剩下三张牌时，情势如下：

西	北	东
	♠J ♥6 ♦10 ♣--	
♠-- ♥KQ3 ♦-- ♣--	北 西　　东 南	♠Q ♥-- ♦5 ♣Q
	♠-- ♥AJ8 ♦-- ♣--	

笔者从手中送出♥8，让西家♥Q 赢，然后坐等西家引回将牌，投回手中的♥A−J，全手仅失三墩，完成定约。四家牌情如下：

	♠AKJ7 ♥652 ♦K1098 ♣J9	
♠1042 ♥KQ103 ♦Q76 ♣K32	北 西 东 南	♠Q953 ♥-- ♦J532 ♣Q8654
	♠86 ♥AJ9874 ♦A4 ♣A107	

在另外一桌，西家也首攻♦6，澳洲队的庄家 Seres 不约而同，判断西家持三张方块，全手是 3-4-3-3 的牌型，也采取雷同的打法，剥光旁门花色，终局时以将牌投入西家而完成定约。Truscott 的结论是：“如果双方都表现精彩，结果就只有平牌一途了。”

Tim Seres 及 Dick Cummings 两人牌技高超，主打防守均属一流。此二人组成的一对，是澳洲桥牌史上最强的搭档。两人都分别曾经入选 IBPA（International Bridge Press Association，国际桥牌写作协会）年度最佳主打牌局。另外，Seres 于 1975 年获颁“所罗门奖”（The Charles Solomon Award），Cummings 于 1980 年获颁“博斯美技奖”（The Bols Brilliancy Prize）。

取材自 Alan Truscott 所撰 *If Both Sides Play Well*，原载 1977 年第二十一届亚太杯《每日快报》第 5 期。

18 一线生机

1978 年的主席杯，在 1 月 2 日大循环赛完 20 场时，领先的四队积分十分接近，分别是金马队 122 胜分、台北县 120.75 胜分、台北市 120 胜分、南投县 116.5 胜分。1 月 3 日，剩下最后三场赛程，其中台北县与南投县的一场攸关名次，因而特别引人注目。

这一场 16 副牌的名次争夺战，双方均因患得患失，导致失误累累。终场，南投县因下面一副牌之胜，而以胜分 7∶1 击败台北县。这一副牌，南家发牌，东西方有局：

	♠AJ8 ♥J ♦A1064 ♣AQ432	
♠93 ♥KQ10852 ♦K75 ♣106	北 西　　东 南	♠Q74 ♥974 ♦J82 ♣KJ98
	♠K10652 ♥A63 ♦Q93 ♣75	

叫牌过程如下：

西	北	东	南
台北县	南投县	台北县	南投县
曹炎炎	陈继平	方任	陈国榕
			Pass
2♥	Dble	Pass	4♠
All Pass			

西家首攻♥K，笔者A吃进。由于回手桥引不够，笔者放弃了双偷方块的机会而先走梅花，第二圈出梅花到明手Q，但梅花偷不到，被东家♣K吃去。东家续攻红心，迫明手将吃。笔者拔掉明手的♣A，出第三圈梅花，手中♠6将吃，被西家♠9超将吃。西家又攻第三圈红心，明手♠J将吃这一圈，拔掉♠A，再出第四圈梅花，笔者手中以♠10将吃。

接下来笔者拔♠K，如果敌方各剩下一张将牌，东家的♠Q将应声而落，定约就回家了，但西家是短黑桃，在这一圈垫掉红心。虽然期待落空，但笔者并不绝望，定约仍有一线生机，此时的残局是：

	北 ♠-- ♥-- ♦A106 ♣4	
西 ♠-- ♥10 ♦K75 ♣--		东 ♠Q ♥-- ♦J82 ♣--
	南 ♠5 ♥-- ♦Q93 ♣--	

笔者送出♠5，明手垫掉♦6，东家♠Q进手，只能引回方块，让庄家猜牌。从西家有局的开叫，笔者已可确定他手中的大牌，遂在手中跟小方块，果然迫出西家的♦K。笔者的终局打法奏效，避免了方块的失张，全手只丢三墩，完成定约。

在另外一桌，西家未叫牌，最后由台北县南家主打相同的4♠定约，西家也首攻♥K，而前九墩的攻防过程也完全相同。但在♠K未能击落Q之后，庄家未采投入打法，自行由♦A下桥出第五张好梅花，结果定约宕一墩，南投县双得470分及10国际序分。

取材自曹炎炎君之《身手不凡》，原载1978年1月《台湾新生报》“桥艺世界”专栏。

19 造桥有方

由台湾聚合公司赞助的第一届台聚杯桥赛，于 1978 年 1 月，假国际桥艺中心举行。由于有精心采购的丰盛奖品助兴，吸引了为数众多的北市桥友，竞相加入逐鹿的行列，让宁静了一阵子的北市桥坛，掀起另一次高潮。

由于竞争激烈，与赛各队均寸土必争，整个比赛过程充满了紧张刺激的气氛。鏖战经月，结果如下：

冠军万全队：王庆禾、赵明辉、方任、曹炎炎、萧纪汉、郑焜仁

亚军国际 C 队：蔡中曾、黄光辉、郭哲宏、沈君山、涂亚平

季军保盈队：王敦还、庄博泉、梁台中、汤正煌、陈炳昌、廖学如

殿军国际 B 队：陈继平、陈国榕、戴明芳、林宪助

下面是决赛中，万全队及国际 B 队之役的最后一牌，也是关键的一副牌，万全队完成定约，赢了这一副牌，而以胜分 4∶4 迫和国际 B 队。这手牌南家发牌，双方无局。

	♠AQ1063 ♥A93 ♦J43 ♣64	
♠J752 ♥Q7 ♦5 ♣KQ10987	北 西 东 南	♠984 ♥J64 ♦Q76 ♣J532
	♠K ♥K10852 ♦AK10982 ♣A	

两桌叫牌过程相同，如下：

西	北	东	南
赵明辉	陈国榕	王庆禾	陈继平
戴明芳	曹炎炎	林宪助	方任
			1♦
Pass	1♠	Pass	2♥
Pass	3♣	Pass	3♥
Pass	4NT	Pass	5♥
Pass	6♦	All Pass	

两桌叫牌过程完全相同，在南家叫出倒叫牌力及红牌5–6分配之后，北

家不约而同以黑木氏问出南家有二 A，遂叫到由南家主打的方块小满贯。两桌西家均首攻♣ K，到庄家的单张 A。

在第一桌，庄家陈法官出将牌，拔♦ A–K，未能敲下 Q，由于缺少一座桥引，无法打大明手的黑桃，红心失张无处交代，定约宕一墩，万全队得 50 分。

第二桌上，庄家方君拔♦ A，并未能击落单张 Q，决定放弃将牌 2–2 的机会，拔掉♠ K，从手中送出♦ 10，将吃敌方的梅花回攻，由♦ J 下桥，提掉♠ A–Q，手中抛掉红心失张。由于♠ J 尚未现身，庄家遂将吃一次黑桃，然后由♥ A 下桥，第五张黑桃再垫掉红心失张，顺利取得十二墩，完成满贯定约，万全队又得 920 分，两桌合计，进账 14 国际序分。

在庄家拔一圈大将牌，但未能击落 Q 的情况下，第一桌庄家的打法，必须外面剩下的将牌是 1–1 分配，或者持♠ J 者不超过三张，另外再加上同一防家，同时持长黑桃及长红心时的挤牌机会。第二桌庄家的打法，需要黑桃 4–3 分配，或者持♠ J 者不超过两张，以及持五张黑桃者，同时有长红心时的挤牌机会。两桌庄家采取了不同的打法，到底哪一种打法机会较大呢？

假定不考虑挤牌的情况，比较上述两种打法何者机会较大，就牵涉到复杂的或然率计算，笔者试算列表如下：

第二桌庄家的打法

机会	或然率
黑桃4–3分配	62.17%
黑桃5–2分配，J为两张	30.52% / 7 x 2 = 8.72%
黑桃6–1分配，J为单张	6.78% / 7 = 0.97%
合计	71.86%

第一桌庄家的打法

机会	或然率
方块2-2分配	40.7%
黑桃4-3分配，J为三张	62.17% / 7 x 3 = 26.64%
黑桃5-2分配，J为两张	30.52% / 7 x 2 = 8.72%
黑桃6-1分配，J为单张	6.78% / 7 = 0.97%
合计	77.03%

虽然第二桌定约成功而第一桌失败，但显然第一桌庄家陈法官的打法才是机会较大的打法。上面或然率的计算是否正确，尚祈读者先进正之。

20 合作无间

1971 年夏，笔者服完兵役北返，白天在松山机场内复兴航空公司柜台工作，服务出入境的旅客；晚上则赶赴罗斯福路，参加中国之友社的桥赛。这一段日子里，结交了好多新朋友，也对未来的桥牌生涯充满了无限的憧憬。当时中华队连续在 1969 年、1970 年、1971 年代表亚太区进军百慕大杯，而且一鸣惊人地两度夺得亚军。

这一连串比赛过程中，能够全程三次都参与的，就只有两位，那就是黄光辉及戴明芳两人。这两人，在当时都是笔者这类桥牌新鲜人心目中的偶像，梦想着有朝一日，能够像他们一样，在桥牌上拥有一片蓝天。笔者的心愿在几年后竟然真的实现了，1977 年与戴明芳成为队友，参加马尼拉第二十一届亚太杯，而且在之后的两年里成为搭档，并一起参加 1979 年里约热内卢（Rio de Janeiro，Brazil）的第二十四届百慕大杯。到了 1980 年，笔者更应黄光辉之请，与之搭配，在其后两年里，得到法肯堡（Valkenburg，The Netherlands）第六届奥林匹亚队制赛第五名，及台北第二十四届亚太杯队制赛冠军及双人赛亚军的佳绩。

1978 年 3 月，与老戴搭档加入聚友队，竞逐第六届中华杯，队友尚有张植鉴、谢仕荣及张氏兄弟。在遇到劲敌万全队时，笔者与老戴在下面一副牌有一段愉快的合作，击垮了敌方必成的定约。东家发牌，双方有局。

	♠AQ84 ♥Q106 ♦QJ94 ♣76	
♠K10 ♥K75 ♦K83 ♣KQ1085	北 西 东 南	♠9752 ♥842 ♦A72 ♣J32
	♠J63 ♥AJ93 ♦1065 ♣A94	

叫牌过程如下：

西	北	东	南
聚友	万全	聚友	万全
陈国榕	曹炎炎	戴明芳	方任
		Pass	Pass
1♣	Dble	Pass	1♥
Pass	Pass	1♠	2♣
Dble	2♥	All Pass	

笔者坐西，首攻♣K，东家跟2，庄家出4，按兵不动，礼让一圈。笔者期望同伴有♠J，于是转攻♠10，明手及东家都出小牌，庄家手中♠J赢进，拔掉♣A，桌上将吃第三圈梅花。梅花失张解决后，庄家这才处理将牌，明手引♥Q，东家出2，庄家跟3，笔者礼尚往来，跟♥5而不吃。

如果庄家知道防家的牌情，此时只要敲掉♥A，再送出第三圈将牌，即可完成定约。但庄家判断错误，认为♥K偷到，因而明手续出♥10，东家跟4，庄家盖上J，笔者的♥K赢了这一墩。此时的残局如下：

西	北	东
	♠AQ8 ♥-- ♦QJ94 ♣--	
♠K ♥7 ♦K83 ♣Q10	北 西 东 南	♠972 ♥8 ♦A72 ♣--
	♠63 ♥A9 ♦1065 ♣--	

笔者♥K进手，猛攻♠K，到明手A。庄家无法回手清将牌，只能出方块，东家即以♦A吃进，回攻黑桃。笔者将吃这一圈，拔♣Q，迫庄家将吃，并让东家抛掉方块。庄家将吃，再出方块，笔者♦K赢进，无论是引方块让同伴将吃，或是续出梅花迫将，打大同伴的将牌，定约都难逃宕一墩的结果。

虽然这只是部分定约，东西家也仅是把握了防守的所有机会，误导庄家，并正确地击垮定约，对当年中华杯的结果并无影响。然而，看到了这一副牌局，始则想起岁月无情，三十多年的光阴，就这样不知不觉地溜走了。继之而来的，无数争战桥海的陈年往事涌现心头，久久不能挥去。这种往日情怀，让笔者在寂寞的晚年岁月里，寻回了数不尽的兴奋及欢乐。

21 收之桑榆

1978年8月中旬，台北市桥界人士为庆贺魏重庆夫人勇夺世界杯女子论对赛冠军之殊荣，特由《联合报》及《民生报》联合主办第二届精准杯论对赛，连续五天假《联合报》大楼九楼举行。本届比赛桥友热情参与，场面浩大，盛况空前，笔者亦与老戴搭档，参与盛会。

下面是初赛第二场的一副牌：

	♠Q9643 ♥Q103 ♦-- ♣A9874	
	北	
西	□	东
	南	
	♠5 ♥AKJ98 ♦AK987 ♣Q3	

叫牌过程如下：

西	北	东	南
	戴明芳		陈国榕
			1♥
1♠	2♥	Pass	4♥
All Pass			

对抗 4 ♥定约，西家首攻♠ A，看到明手方块缺门，明智地清了一圈将牌。

如果西家不在第二圈时出将牌，笔者只要提掉低花牌组三墩顶张赢牌，然后简单地进行交错将吃，可轻易赢取十一墩，定约将可超打一墩。西家的适时出将牌，粉碎了笔者进行交错将吃的超墩计划。虽然十墩牌唾手可得，定约亦无问题，然而现在是论对赛，成约有无超墩，极可能影响到顶分的得失，实属事关紧要。

虽然如此，笔者盘算，如果敌方的方块是 4-4 分配，第五张方块依旧可以打大而取得十一墩牌。于是笔者以手中将牌赢进第二圈，提掉♦ A-K，出第三圈方块，明手以♥ 10 将吃。笔者将吃黑桃回到手中，续出第四圈方块，明手以仅剩的♥ Q 将吃。

笔者期待东家跟出第四张方块，但期待落空，东家在这一圈抛掉一张小梅花。笔者将吃第三圈黑桃回到手中，再清第二圈将牌，敌方在这两圈都跟出。进行至此，虽然打大第五张方块的希望已经落空，但超墩仍有些许机会。

已知西家有四张黑桃及五张方块，假定他还有♣ K，当他的牌型是 4−3−5−1 时，笔者只要提掉♣ A，击落他的单张 K，手中的♣ Q 就大了。如果他的牌型是 4−2−5−2，则笔者清最后一张将牌时，他将三门受挤。他必须保留黑桃及方块而被迫垫掉一张梅花，于是梅花也变成单张 K 了，则同样地，笔者可以拔掉♣ A 而打大手中的♣ Q。

笔者清最后一张将牌♥ K，西家既不迟疑，也无思考，毫无困难地抛掉一张小梅花。从他垫梅花的情形，笔者判断他应该没有♣ K，是则挤牌的希望又落空了。然而，笔者并不死心，超墩仍未绝望，如果西家剩下的梅花是 J 或者 10，则此时残局如下：

	♠-- ♥-- ♦-- ♣A98	
♠K ♥-- ♦Q ♣J（10）	北 西 □ 东 南	♠-- ♥-- ♦-- ♣K10（J）5
	♠-- ♥-- ♦9 ♣Q3	

现在手中出♣ Q，当西家跟出♣ 10 时，笔者知道成功了。东家♣ K 赢进这一墩，剩下♣ J–5，不得不让明手的♣ A–9 取得最后两墩牌。定约几经波折，建立方块及挤西家三门牌都行不通，最后投入东家，失之东隅而收之桑榆，终于如愿赢得十一墩，一个不坏的序分。

四家牌情如下：

	♠Q9643 ♥Q103 ♦-- ♣A9874	
♠AKJ8 ♥72 ♦Q6542 ♣106	北 西　　东 南	♠1072 ♥654 ♦J103 ♣KJ52
	♠5 ♥AKJ98 ♦AK987 ♣Q3	

22 不费功夫

老桥迷最怀念的，是 20 世纪 70 年代晚期及 80 年代的头几年，这一段岁月正是台北桥界的黄金年代。记得此一时期的每次杯赛，几乎都可吸引四五十队参加，甚至较大型的比赛，有高达六七十队的纪录。每逢比赛，国际桥艺中心就呈现一片车水马龙的盛况，仁爱路及建国南路上邻近餐馆也都座无虚席，好一番热闹景象。

1978 年 9 月，第一届中技杯在国际桥艺中心热闹登场，吸引了四十二队热情参与。鏖战经月，优胜名单出炉如下：

冠军远东队：张溪圳、张英村、张简俊、张中平、李荣福、方兴台

亚军联友队：谢仕荣、林志谋、张有任、汤建华、戴明芳、陈国榕

季军万全队：曹修建、曹炎炎、王绍藩、王庆禾、刘梁生、张忠本

殿军新时代队：钟耀长、魏忠义、李明国、严定明、周新怀、林宏时

下面是远东、联友决赛的一副牌，北家发牌，南北方有局：

♠875
♥QJ109
♦6432
♣Q10

北

西 东

南

♠A632
♥AK543
♦108
♣A8

西	北	东	南
远东	联友	远东	联友
张简俊	戴明芳	李荣福	陈国榕
	Pass	Pass	1♥
2NT	Pass	3♣	Dble
Pass	3♥	All Pass	

西家的2NT，示两门5-5以上的低花牌组。笔者与老戴当时打精准制，加倍表示高限牌力，以及两门高花牌组。

西家首提三圈大方块，第三圈时，东家以♥8将吃，希望在西家的将牌是单张 K 时，能为己方提升一墩将牌。然而东家的希望很快就落空了，笔者以♥ K 超将吃。

方块已失两城，两门黑牌尚有三墩失张，要完成定约，就必须让黑牌的失张减为两墩。笔者寻思，黑牌仅失两墩的最佳打法，应该是剥光西家的黑桃，终局时迫西家引出低花，笔者即可手中将吃，而明手垫掉黑桃失张，定约即成功矣。

于是笔者清将牌下桥，出第四张方块，手上♥ A 将吃，续清将牌下桥，明手拉回黑桃，东家跟出♠ 9。为了预防西家手中的牌型仅是 2–2–5–4 分配，而非 1–2–5–5，笔者手中也跟小黑桃，先礼让一墩。这一墩，西家出乎意料以♠ K 赢进，并转引小梅花。

西家已出现过♦ A–K–Q 及♠ K，笔者判断他应该不会再有♣ K 了，遂在明手跟了♣ 10。错了，东家盖上♣ J。但没有影响，笔者手中♣ A 吃，提掉♠ A，再一次送出梅花，这一次终于投入西家，于是笔者摊牌，完成定约。全手牌情如下：

西	北	东
	♠875 ♥QJ109 ♦6432 ♣Q10	
♠K ♥76 ♦AKQ97 ♣K9754	北 西 □ 东 南	♠QJ1094 ♥82 ♦J5 ♣J632
	♠A632 ♥AK543 ♦108 ♣A8	

这手牌正应验了俗语所说的“踏破铁鞋无觅处，得来全不费工夫”，当西家黑桃单张 K 上手时，结局早已注定，庄家完全不需要猜牌。如果梅花大牌都在西家，明手无论出 Q 或 10 都对。如果东西二手各持一张梅花大牌，定约必成，明手可随手出 Q 或 10，如果出对，即已赢到此墩；如果出错，手中 A 吃住，再送出梅花，西家仍被投入，全手都是低花，不得不让庄家以将吃垫牌解决黑桃失张而完成定约。

队友在另一桌抢到 4♣，无局宕一墩，我队仍赢 3 国际序分。这一场决赛，前两圈的战况胶着，都只有个位数的差距。但第三圈，老戴与笔者下场休息，远东队乘虚而入，张氏兄弟在这八张牌大发神威，一举赢到 50 余国际序分。最后一圈联友队已无力回天，终场以胜分 −1∶8 落败，遂与冠军绝缘。

23 因小失大

1978 年 10 月，曾多次参加国际赛，令人尊敬的黄光明君自美返台省亲。台北桥界人士为了表示欢迎，特别假国际桥艺中心举办了一项别开生面、为期两日的双人邀请赛。受邀的十二对好手，包括黄光明－黄光辉、沈君山－郑焜仁、林宪助－涂亚平、郭哲宏－夏宇明、张溪圳－张英村、戴明芳－陈国榕等六对，以及万全队的王庆禾－刘梁生及张忠本－曹炎炎两对，BTU 的沈治国－徐维德及沈乃正－黄立民两对，辅友队的梁台中－汤正煌及王敦还－庄博泉两对。比赛进行十一圈，每圈七牌，六桌打相同的牌，每一副牌以中间四个分数之平均分为标准分，各对再依此换算国际序分。鏖战两日的结果，戴明芳及笔者一对，以十胜一负的成绩，遥遥领先其他各对而夺得冠军，亚军由梁台中－汤正煌取得，黄氏昆仲则为季军，沈乃正－黄立民殿军。

笔者一对，除了在第五场败给沈君山－郑焜仁外，其余各场大获全胜。下面是第八场遇到林宪助－涂亚平的第一副牌，我们先驰得点，取得优势。这一副牌是北家发牌，双方无局。

♠965
♥A8742
♦A987
♣6

北
西 东
南

♠AK743
♥106
♦J42
♣A93

西	北	东	南
涂亚平	戴明芳	林宪助	陈国榕
	Pass	Pass	1♠
2♣	2♠	Pass	Pass
3♣	3♥	Pass	3♠
Pass	Pass	Dble	All Pass

西家首攻♣K。

老戴的 2♠稍显低叫，但南家持低限的 5–3–3–2 平均牌，即使同伴邀请，也完全找不到叫成一局的理由。

东家林君身经百战，得过百慕大杯亚军。笔者相信，他既然重加倍，想必持有所有未见的将牌，以及红牌上的力量。笔者心中思考，对以后的攻防变化订下蓝图，目前已有五墩顶张，明手可以将吃两圈梅花，合计已有七墩，如果手中的小将牌可以将吃两次，定约就成功了。

笔者♣A 赢进首攻，并不抽将牌，先出小红心，明手跟小牌让一圈。东家♥9 进手，猛敲♠Q，笔者♠A 吃住，西家果然跟不出将牌。接下来，由将吃梅花下桥，拔掉♥A，拉回小红心，手中♠3 将吃。防家的红心是 3–3 分配，明手的红心全都打大了。然后明手再将吃一次梅花，相信目前的残局应该是这样的：

西	北	东
	♠--	
	♥87	
	♦A987	
	♣--	
♠--		♠J1082
♥--	北	♥--
♦????	西 东	♦? ?
♣Q8	南	♣--
	♠K74	
	♥--	
	♦J42	
	♣--	

明手出好红心，如果东家以♠2 将吃或抛方块，让庄家的小将牌将吃到，或赢到该墩红心，定约就够九墩了。东家不得已，只能以♠8 将吃，笔者抛掉手上的方块失张。东家猛攻♦K，明手 A 取，引回红心形成王谱，手上的 K–7–4

在东家的J–10–2之后，轻易取得两墩将牌而完成加倍的定约。

全手牌情如下：

	♠965 ♥A8742 ♦A987 ♣6	
♠-- ♥KJ5 ♦Q1063 ♣KQJ872	北 西 □ 东 南	♠QJ1082 ♥Q93 ♦K5 ♣1054
	♠AK743 ♥106 ♦J42 ♣A93	

持东家牌，看起来将牌好像可以取得三墩，红牌还有大牌，同伴又能在二阶超叫，加倍似乎并不为过。然而，如果东家不加倍，笔者采取正常的打法，定约必然不可能完成。加倍正好暴露牌情，提高庄家警觉，让笔者找到了完成定约的唯一路子。

东家在第二圈红心进手时，即使转攻方块亦不能击落定约。庄家先让一圈，吃进第二圈方块，拔♥A，手中♠3将吃第三圈红心，明手将吃梅花下桥，出好红心。东家不能以小将牌将吃，否则庄家超将吃即已成约。东家也不能抛梅花，否则庄家垫掉方块，明手续出第五张红心，东家以♠8将吃，则庄家以♠K超将吃，然后明手的♠9将吃梅花，东家只能以♠10超将吃。现在东家的将牌剩下Q–J–2，庄家是K–7–4，无法阻止庄家赢取两墩将牌。因此在第四圈红心时，东家以♠8将吃，但庄家仍以♠K超将吃，出梅花以明手的♠9将吃，结果并无不同。

24 艺高胆大

第一届新光杯于 1978 年 11 月假国际桥艺中心举行，笔者与谢仕荣君搭档，加入张氏兄弟领军的黑潮队，逐鹿中原，参与角逐。然而事与愿违，黑潮队并未在新光杯中打出好成绩，复赛阶段即遭淘汰出局。比赛的最后结果，优胜名单如下：

冠军万全队：王庆禾、刘梁生、曹炎炎、林志谋、林朝雄、胡希真

亚军新时代队：钟耀长、周新怀、徐嘉华、严定明、张简俊、汤建华

季军政伦队：韩春宝、陈全勇、王淑春、练振盛、牛琪麟、徐海源

殿军 DDT 队：王吉生、李魁伦、陈介文、王鸿翔、王耀洲、林泰发

下面是新光杯初赛第五场，黑潮队遭遇光明队时出现的一副牌，防家一时不慎，让庄家找到机会，安排了挤牌的阵势，完成艰难的一局。这一副牌是北家发牌，东西方有局：

	♠AJ1072 ♥A754 ♦Q62 ♣3	
♠54 ♥KQJ103 ♦J84 ♣1075	北 西　　东 南	♠K8 ♥86 ♦K1053 ♣AQJ94
	♠Q963 ♥92 ♦A97 ♣K862	

叫牌过程如下：

西	北	东	南
光明	黑潮	光明	黑潮
	陈国榕		谢仕荣
	Pass	1♦	Pass
Pass	Dble	2♣	2♠
Pass	3♠	Pass	4♠
All Pass			

北家持 11 点牌，两张 A，5-4 两门高花，于首圈 Pass 而不开叫，以今日的眼光来看，十分不可思议，但在那个时代，实属相当正常之事。笔者第二轮叫牌以加倍重开，然后加叫 3♠，邀请成局。面对同伴首轮开叫 Pass 的邀请，谢君奋力叫上一局，确实是艺高胆大而又乐观十足。

西家首攻♥ K，赢到后又续攻♥ Q。明手♥ A 赢进第二墩，出第三圈红心，手中将吃，东家抛掉小方块。谢君清将牌，出♠ 9，桌上放小飞过，偷不到，东家♠K吃进，拔掉♣A，然后代庄家抽一圈将牌。

谢君由明手赢进将牌回攻，手中将吃第四圈红心，提掉♣K，桌上垫掉♦2，又出梅花，桌上将吃，打成如下的残局：

	北	
	♠J10 ♥-- ♦Q6 ♣--	
西 ♠-- ♥J ♦J84 ♣--		东 ♠-- ♥-- ♦K105 ♣Q
	南 ♠-- ♥-- ♦A97 ♣8	

挤牌形势已成，谢君连出明手将牌♠J-10，东家先垫掉♦5，但在第二圈将牌时，已无安全的垫牌，无论垫掉方块或是梅花，都无法阻止庄家赢取十墩牌。谢君挤牌奏效，完成了这个乐观的4♠定约。

事后检验，西家在♥K赢到首墩后，应知道续攻红心并无法取得一墩，且从此也不可能再上手，实应把握机会转攻方块，建立同伴的赢墩，即可以一墩击垮定约。然而西家或未思及此，或因持有♦J，怕转攻吃亏，乃消极地续攻红心。机会稍纵即逝，让庄家在终局时打出挤牌，从容地完成定约。

25 颠倒乾坤

号称“大拜拜”的主席杯，在早年，是台湾桥牌界一年一度的盛会。1978年年底，第二十届主席杯假台中市精武路台中图书馆隆重举行，有来自十六县、五市，加上中兴新村、阳明山等二十四路好汉热情参与，好一幅热闹景象。

联赛前后五天，二十三场大循环，每场赛16副牌。经过368副牌的激烈竞争，由张氏兄弟领军的台北县队，击退众家好手，夺得锦标。台北县队在第二十二场时，遭遇嘉义县队，演出精彩，以国际序分80∶19，胜分8∶−2的悬殊比数击败对手。下面是这一场的第十四副牌，南家发牌，双方无局。

西		东
	♠A107 ♥AQ6 ♦K1092 ♣Q62	
♠Q95 ♥1075 ♦A543 ♣754	北 西 □ 东 南	♠64 ♥J94 ♦Q876 ♣AKJ8
	♠KJ832 ♥K832 ♦J ♣1093	

西	北	东	南
嘉义县	台北县	嘉义县	台北县
	许铭祥		陈光
			Pass
Pass	1NT	Pass	2♣
Pass	2♦	Pass	2♠
Pass	3♥	Pass	4♠
All Pass			

台北县的许陈对打精准制，北家第三圈的 3♥是表示高限牌力，黑桃配合，以及红心上有力量。南家虽是低限牌力，但因红心也配合，遂接受邀请，直接跳成黑桃一局。

如果西家首攻梅花，东家赢吃三墩梅花，加上♦A，定约已宕。实战中，西家首攻♦3，庄家自然猜错，明手出♦2。东家的♦Q吃进，提♣K，然后回攻♦6，庄家以♠2将吃这一圈。

方块已丢一墩，而东家第二圈拔♣K，显然持有♣A-K-J，看起来庄家必失三墩梅花，另外还有将牌 Q 以及第四张红心都有待处理，定约还有机会吗？

当年的青年才俊——陈光，几经思考，找到了一条制胜的途径。将吃第二圈方块后，陈君提掉♠K，出♠3，明手 10 飞过。偷牌成功之后，明手再引第三圈方块，手中♠8 将吃。由♥A 下桥，手中最后一张将牌再将吃第四圈方块。然后庄家由♥Q 下桥，明手敲掉将牌 A，手中抛掉梅花。由于红心 3–3 分配，庄家吃足六墩将牌及四墩红心，幸运地完成 4♠定约。

事后检验，如果红心是 4–2 分配，而东家持有四张红心，则明手清最后一圈将牌时，情势如下：

	北	
	♠A ♥6 ♦-- ♣Q6	
西 ♠Q ♥-- ♦-- ♣754		东 ♠-- ♥J10 ♦-- ♣AJ
	南 ♠-- ♥K8 ♦-- ♣109	

明手出♠A 时，东家受挤，如果垫掉红心，则庄家手中的♥8 就大了；如果东家抛掉♣J，则庄家手中垫掉♥8，送一圈梅花，顶出东家的 A，打大手中的另一张梅花。不论东家任何垫牌，定约均可完成十墩。

在另外一桌，嘉义县队停在 3♠，西家首攻红心，以后庄家偷对将牌，又猜对方块，定约亦完成十墩，惜未叫至进局。台北县队的庄家陈光，以精彩的反明手打法，为台北县队赢进 250 分及 6 国际序分。

26 偷牌的方向

20 世纪 70 年代，一年一度的主席杯，是一个令人怀念的桥牌盛会。1978 年年底，第二十届主席杯假台中图书馆举行，二十四支参与角逐的队伍，无不抱着以桥会友的心情；另外，也都期望着能在这一大赛中一展长才，有所发挥。

这一届主席杯第十五场时，台北市队面临云林县队的挑战，笔者与涂亚平君搭档，在下面一副牌判断正确，为台北市队赢得一副牌。南家发牌，东西方有局。

♠82
♥AJ103
♦AK65
♣AJ9

北
西 东
南

♠KQ4
♥K985
♦J94
♣764

西	北	东	南
云林县	台北市 涂亚平	云林县	台北市 陈国榕
			Pass
2♠	Dble	Pass	3♥
Pass	4♥	All Pass	

打自然制，持南家牌，在北家逼叫加倍之后，是一个叫牌的考验，3♥似乎低叫，4♥则又高叫，2NT是可以考虑的选择，然而黑桃虽有挡张，但一经出手，后果将难以预测。幸运的是，我们约定好使用Lebensohl特约，让笔者得以轻松地答叫3♥，示略有牌力的红心牌组。涂君持高限牌力，自然加叫成局。

西家首攻♣Q，显然是引自短门，于是桌上先让一圈。西家续攻小梅花，明手才以♣A吃进。综观全局，梅花必失二城，黑桃稳丢一墩，要完成定约，两门红牌都不允许再有失墩了。西家在有局的情况下开叫2♠，除了♠A–J及♣Q之外，极可能还有少许力量，亦即西家应该持一张红牌Q。假定红心是3–2分配，且♥Q在长红心的一方，如果东家红心较长，则西家的方块将是三张带Q，若他同时也持有♦10，庄家无法避免低花失墩，成约机会渺茫。只有西家三张红心时，定约才有机会。

♣A吃进后，明手拉回黑桃，东家出7，笔者的K被西家A吃去。西家再攻♠J，笔者Q吃进。为了畅通桥路，笔者手中出♥9，西家跟小牌，桌上也出小牌偷过。♥9赢到这一墩后，情势豁然开朗，明手♥10将吃一次黑桃，然后拔♥A，再抽将牌，手上的♥K击落了西家Q。东家在第三圈黑桃及第三圈将牌时，分别垫掉一张梅花及一张方块。根据西家的弱二开叫，笔者判断♦Q在东家的可能性较大，则最后五张牌的情势如下：

	北	
	♠--	
	♥--	
	♦AK65	
	♣J	
西		东
♠1096		♠--
♥--		♥--
♦? ?		♦Q? ?
♣--		♣K10
	南	
	♠--	
	♥8	
	♦J94	
	♣7	

现在笔者出♥8，明手抛掉♣J。如果东家垫掉方块，明手的方块就全都大了，东家权衡得失，只能忍痛垫掉♣10。于是笔者送出♣7，投入东家，坐享三墩方块而完成4♥定约。

四家牌情如下：

西	北	东
	♠82 ♥AJ103 ♦AK65 ♣AJ9	
♠AJ10963 ♥Q64 ♦103 ♣Q5	北 西　　东 南	♠75 ♥72 ♦Q872 ♣K10832
	♠KQ4 ♥K985 ♦J94 ♣764	

如果最后定约是3NT，西家首攻♠J，南家让过，第二圈才赢进。以后只要偷对红心，从明手拉回方块，即可取得三墩方块而完成定约。

27 叫打俱佳

1979 年的第七届中华杯，跌破了所有观察家的眼镜，由张故理事长植鉴领军的龙星队，旗下包括黄光辉、郭哲宏、戴明芳、陈国榕、林宪助及郑焜仁等高手，竟然在初赛阶段即遭淘汰，而由 BTU、黑潮及联友三队代表北区晋级复赛。龙星队虽然出局，但诸将纷纷接受他队邀请，其中郭哲宏加入 BTU 队，戴明芳及陈国榕为联友队助阵，而林宪助及郑焜仁则为代表中区的万全队所网罗。

经过漫长的复赛、准决赛及决赛，第七届中华杯的结果在 4 月初揭晓，优胜名单如下。

冠军 BTU 队：郭哲宏、张有任、沈乃正、陈永弘、林潮文、洪廷建

亚军黑潮队：沈君山、张简俊、张溪圳、张英村、陈光、罗五湖

季军联友队：万钧、钱光清、林朝雄、胡希真、戴明芳、陈国榕

殿军雄友队：陈继平、马道仁、吴妈清、廖启玟、林志谋、黄清波

中华桥协在中华杯结束后，挑选了沈君山－张简俊、张溪圳－张英村及戴明芳－陈国榕三对组成明星队，与中华杯冠军队进行挑战赛。因应明星队的挑战，BTU 队再一次调整阵容，以林宪助及涂亚平换下原先的林洪二位。

4 月 29 日下午，国际桥艺中心进行扣人心弦的挑战赛第七场，明星队表现甚佳，原本预期可以 8∶0 大胜对手，但 BTU 队郭哲宏君在下面一牌演出精彩，结果明星队只能以 7.11∶0.89 获胜。这手牌是西家发牌，南北方有局：

西	北	东
	♠1054 ♥AJ1093 ♦75 ♣A52	
♠Q ♥Q872 ♦J1064 ♣J863	北 西　　东 南	♠KJ97632 ♥K5 ♦Q83 ♣9
	♠A8 ♥64 ♦AK92 ♣KQ1074	

西	北	东	南
明星队	BTU	明星队	BTU
	张有任		郭哲宏
Pass	Pass	3♠	3NT
Pass	4NT	All Pass	

南家小郭艺高胆大，在东家窜叫 3♠后抢出 3NT，北家持有 4 控制，9 点

牌，又有五张牌组，试探满贯是正常也是必然的结果。3NT 原是必成的定约，现在自己抬高一阶，难度自然升高，庄家有机会完成十墩吗？

西家首攻♠ Q，庄家让过。西家转攻♦ J，庄家再让过。西家续引小方块，庄家这才以♦ A 吃掉东家的 Q。庄家出红心，进行双偷，东家♥ K 赢了这一墩。东家回攻第三圈方块，定约不能再失一城，庄家♦ K 赢进。

庄家仔细盘算，东家已知有七张黑桃、三张方块，以及♥ K，剩下的两张牌呢？如果东家剩下两张牌均为梅花，则东家是单张红心，♥ Q 必然在西家手中，庄家奔吃五圈梅花，提吃♠ A 后，再进行必成的红心偷牌而完成 4NT 定约。若是东家仅有一张梅花，虽然这门花色无法赢足墩数，但定约亦为必成，是时残局为：

西	北 / 南	东
	♠10 ♥AJ103 ♦-- ♣A52	
♠-- ♥Q87 ♦10 ♣J863		♠KJ9763 ♥5 ♦-- ♣9
	♠A ♥6 ♦9 ♣KQ1074	

庄家出梅花到明手 A，再由♣ K 回到手上，当东家垫一张黑桃时，庄家确定了西家是 1-4-4-4 的分配。现在庄家提掉手中的♠ A，形成累进挤牌，西家三门受挤，任何垫牌都无法阻止庄家取得剩下的牌墩而完成定约。

在另外一桌，BTU 队东家也开叫 3♠，明星队南北方选择了防御而未叫牌，仅击垮定约二墩。小郭的正确判断及精彩演出，让 BTU 队赢进 530 分及 11 国际序分。

28 完美的防御

1979 年，为期四天的八场挑战赛，于 4 月间假国际桥艺中心举行，最后由 BTU 队获胜，并夺得亚太杯代表权。

下面是挑战赛第六场的一副牌，同伴戴明芳君明察秋毫，防守精彩，为明星队赢得 12 国际序分。北家发牌，南北方有局。

西		北		东
		♠AK1093 ♥53 ♦5432 ♣K4		
♠Q8765 ♥84 ♦QJ ♣10752	西	北 南	东	♠J2 ♥QJ1072 ♦K87 ♣A96
		♠4 ♥AK96 ♦A1096 ♣QJ83		

西	北	东	南
明星队	BTU队	明星队	BTU队
陈国榕	陈永弘	戴明芳	沈乃正
	1♠	Pass	1NT
Pass	2♦	Pass	3NT
All Pass			

笔者是西家，首攻♥ 8，庄家以♥ A 吃掉东家的 10，拔掉♦ A，送出♦ 10。笔者进手，转攻♣ 2，明手出 K，东家 A 取。东家猛攻♥ Q，如果庄家♥ K 吃进这一墩，应有机会作成定约，但庄家希望东家续引红心，则♥ 9 将可轻易赢取一墩，定约就够九墩了，于是跟♥ 6，让过这一圈。东家老戴何许人也，百慕大世界杯两届亚军，岂是浪得虚名之辈，随即改弦易辙，转攻♣ 9。庄家♣ Q 吃，

又送出第三圈方块，西家垫掉♠8，老戴♦K再度进手。此时四家都剩下六张牌，残局如下：

	北	
	♠AK1093 ♥-- ♦5 ♣--	
西 ♠Q765 ♥-- ♦-- ♣107		东 ♠J2 ♥J72 ♦-- ♣6
	南 ♠4 ♥K9 ♦9 ♣J8	

老戴仔细地评估目前的局势，同伴首攻♥8，则庄家手中的红心剩下K–9两张，当然不考虑这门花色。其次，如果同伴剩下的梅花是J–8，此时穿回梅花，即可击落定约两墩。但一则庄家的打法不像没有♣J，再则同伴垫♠8，分明是欢迎黑桃的信号。如果回攻梅花，庄家必然♣J吃起，然后拔掉红牌赢张，同伴势必在两门黑牌上受挤。老戴思考至此，遂毅然攻出♠J，这也是击垮定约的唯一引牌。面对老戴的犀利防御，庄家只能无奈地提掉赢墩，定约仅八墩，宕一墩。

在另外一桌，明星队完成3NT定约，老戴精彩的防御，不但解救了同伴，避免其成为挤牌的牺牲品，也为明星队赢进12国际序分。

29 功亏一篑

1979 年的中华杯结束后，中华桥协挑选了沈君山 - 张简俊、张溪圳 - 张英村及戴明芳 - 陈国榕三对组成明星队，与中华杯冠军队进行挑战赛。四天八场 256 牌的挑战赛在 4 月 29 日结束，BTU 队以胜分 34.92 : 28.33 击败明星队，夺得亚太杯代表权。

这八场挑战赛，BTU 队一开始即连胜三场，胜分大幅领先，但明星队沉着应战，逐步收复失地。两队打完七场时，BTU 队领先 7.81 胜分，因此在第八场，明星队必须以胜分 7.91 : 0.09 获胜，才能取得最后的胜利及代表权。

第八场的牌局非常平，赛完三十副牌时，明星队以国际序分 54 : 36 领先，距离目标仅差 6 国际序分，但牌数也只剩下两副牌了，明星队有机会吗？

下面是这场比赛的第三十一副牌，西家发牌，东西方有局：

	♠J1063 ♥4 ♦AQ7 ♣K7652	
♠A7 ♥9862 ♦KJ10853 ♣A	北 西　　东 南	♠K54 ♥J7 ♦962 ♣QJ1084
	♠Q982 ♥AKQ1053 ♦4 ♣93	

公开室叫牌过程如下：

西	北	东	南
BTU队	明星队	BTU队	明星队
1♦	2♣	Pass	4♥
All Pass			

如果南家先以 2♦逼叫，在同伴叫出黑桃后，即可叫到必成的黑桃一局，然而南家直接跳叫 4♥，成为最后定约。

对抗 4♥定约，如果西家首拔黑牌 A，即可将吃一次而击垮定约，但西家首攻方块，给了庄家一个成约的机会。

庄家以桌上的♦A 赢了首墩，清四圈将牌，然后送出黑桃，预备建立这门花色。西家跟小牌，东家♠K 赢进，回攻方块。庄家只得将吃，再送黑桃。西家♠A 进手，续以方块迫将，庄家将吃。♣K 在♣A 之后，原本应可取得一墩，但庄家手中已无将牌，只能望牌兴叹，再赢两墩黑桃，吞下宕一墩的苦果。

在关闭室，BTU 队的南北方停在安全的 3♥，正好成约，得 140 分，加上公开室的 50 分，合计 210 分及 5 国际序分。

事后检验，在西家首攻方块下，庄家有两次成约的机会。首先，在首墩时，如果明手以♦Q 偷过，并以♦A 抛掉手上的小梅花，肃清敌方的将牌，即可从容地建立两墩黑桃，定约完成十墩。其次，首墩以♦A 赢取及清四圈将牌后，庄家应考虑到，要建立黑桃且赢到♣K，就必须出手三次，但将牌仅剩两张，因此不能让敌方连续迫将，亦即必须让持有♦K 的敌方先进手。如果东家有♦K，庄家无法防止西家先进手并以方块迫将；但若西家有♦K，则必须先出梅花，建立桌上的♣K。

如果公开室明星队的庄家，清将之后，先出的花色是梅花而非黑桃，即可完成 4♥定约而得 420 分，扣掉关闭室的 140 分，将净赢 280 分及 7 国际序分。如果明星队赢了关键的这一副牌，并且平掉最后的第三十二副牌，则 1979 年的桥牌史就必然改写了。

30 得心应手

1970 年，美国国际集团（American International Group，Inc.，AIG）入主南山人寿保险公司，当时年甫三十出头的谢仕荣君衔命来台，协助拓展公司的营运，四年后升任总经理。谢君因治理公司得法，业务蒸蒸日上，深受集团总部器重，于 1983 年调职离台，之后陆续担任 AIG 资深副主席，同时兼任 AIG 联席营运总监、美国友邦保险（American International Assurance Co.Ltd.，AIA）主席兼行政总裁，及南山人寿董事长。

谢君热爱桥牌，在台工作期间，公余之暇常组队参与桥赛，角逐锦标；也热心推动桥艺活动，首届举行于 1978 年，距今已有三十余年历史的南山杯即为一例。笔者当时任职于南山人寿，谢君是笔者老板，也是桥桌上的搭档，对他的了解相当深入，以技艺出众誉之，绝不为过。

1979 年 5 月，国际桥艺中心举办由南山人寿赞助的第二届南山杯，谢君也组了南山队参与角逐。比赛共二十四队参加，最后结果如下：

冠军龙星队：黄光辉、郭哲宏、林宪助、涂亚平、戴明芳、郑焜仁

亚军全通队：周新怀、蒋彦厚、严以厦、王淑春、庄博泉、罗家骅

季军南山队：谢仕荣、陈国榕、陈光、廖定中、柯淑美、杨钧霆

殿军新欣队：宣咏铃、周文超、朱民普、王逸明、范钦华、张翊

下面是初赛时南山队对竹风队的一副牌，东家发牌，双方有局。谢君从叫牌得到充分的线索，经过精准的分析，打起来得心应手，以完美的手顺完成一局。

♠A6
♥AQ987
♦53
♣10732

北

西　　东

南

♠1032
♥KJ6
♦AK976
♣K4

西	北	东	南
竹风	南山	竹风	南山
	陈国榕		谢仕荣
		2♦	Dble
2♥	Dble	2♠	3♥
Pass	4♥	All Pass	

东家的 2♦是技光弱二开叫，以后的再叫则表明黑桃及一门低花 5-5 以上分配。南家的加倍示开叫牌力及方块牌组，在北家以加倍表示红心牌组后，叫到由南家谢君坐庄的红心一局。

西家首攻♣ Q 到东家 A，将吃同伴续攻的梅花，然后转攻♦ Q。谢君♦ A 赢进这一墩，清将牌，出♥ 6 到明手 A，东家跟出♥ 4。

根据东家的叫牌，谢君算出东家有 5-6 分配的黑桃及梅花，两门红牌又各跟出一圈，牌型必是 5-1-1-6 分配无疑，那么西家的牌型就应该是 3-4-5-1 了。

东西家的牌情既已一目了然，谢君遂在下一圈牌由♦ K 回手，东家既跟不出方块，又无法将吃，垫掉了一张小梅花。然后谢君由桌上♥ 7 将吃方块，手中♥ K 将吃梅花，桌上♥ 8 再将吃一次方块，提掉♠ A，又引第四圈梅花，手中以最后一张将牌♥ J 将吃，形成了如下的残局：

	北	
	♠6 ♥Q9 ♦-- ♣--	
西 ♠Q ♥105 ♦-- ♣--		东 ♠KJ ♥-- ♦-- ♣J
	南 ♠103 ♥-- ♦9 ♣--	

现在谢君手中出♦9，形成王谱，明手稳稳地再赢取两墩将牌而完成定约。四家牌情如下：

西	北 / 南	东
	♠A6 ♥AQ987 ♦53 ♣10732	
♠Q54 ♥10532 ♦QJ1042 ♣Q	北 西　东 南	♠KJ987 ♥4 ♦8 ♣AJ9865
	♠1032 ♥KJ6 ♦AK976 ♣K4	

笔者与谢君因桥牌而相识结缘，蒙其提携，于1978年进入南山人寿，之后虽曾两度离职，总因谢君开诚相劝挽留，让笔者继续置身寿险业。1993年，政府开放新寿险公司，笔者转换跑道，加入三商人寿的经营团队，适逢寿险业的黄金十年，公司营运蓬勃发展，业绩蒸蒸日上，也让笔者拥有一个顺利满意的人生。笔者念念在兹，难忘谢君昔年的知遇之恩，谨祝福他，有一个健康幸福快乐的晚年人生。

31 不分轩轾

1979 年 9 月，正是金风送爽的季节，第二届中技杯在国际桥艺中心揭开序幕。为数三十队的各路英雄好汉参与逐鹿，鏖战经月后，成绩揭晓，张氏兄弟卫冕成功，连续两届摘下中技杯王座。最后的优胜名单如下：

冠军黑潮 B 队：张溪圳、张英村、陈延泽、张念华、王信彦、江斌瑜

亚军南联队：谢仕荣、林志谋、周新怀、严定明、戴明芳、陈国榕

季军常在 F 队：陈传诚、张中平、徐嘉华、连如锋、王国兴、陈嵩章

殿军青彦队：苏锦铨、王芳机、冷中兴、许英豪、吴芳宜、郑得臣

准决赛阶段，南联队及 175 队之战，第一副牌就是一副精彩的平牌，两桌庄家都以漂亮的打法，完成不同的成局定约。北家发牌，双方无局。

	北	
	♠A1095 ♥KQ74 ♦Q6 ♣AJ5	
西 ♠J764 ♥AJ6 ♦J73 ♣832		东 ♠Q ♥95 ♦AK98542 ♣Q106
	南 ♠K832 ♥10832 ♦10 ♣K974	

公开室叫牌过程如下：

西	北	东	南
175队	南联队	175队	南联队
简锡淳	戴明芳	曹官杰	陈国榕
	1♣	4♦	Pass
Pass	Dble	Pass	4♠
All Pass			

南北方打的是精准制，在老戴逼叫加倍之后，笔者两门高花均为四张，乃选择比较好的牌组，叫成黑桃一局。

西家首攻♦3，东家连出♦K–A，笔者将吃第二圈，西家跟♦7。笔者接着出小红心到桌上K，东家跟9，从桌上拉回将牌，东家跟出♠Q，手中K吃住。从东家的4♦阻击叫，笔者判断这张♠Q应该是单张，而将牌是4–1分配，于是再抽第二圈将牌，明手以♠9偷过，东家抛掉小方块，果然不出所料，将牌是4–1分配。

明手接下来出小梅花，庄家手中♣K 吃进，出♥10，西家 A 赢进，反扑♥J，到桌上 Q，东家跟出第二圈，第三圈时又垫一张方块。牌局进行至此，形势已趋明朗，东家是 1−2−7−3 的分配，而敌方的梅花必然是 3−3 分配，不论梅娘芳踪何处，定约已成囊中之物。当明手提掉♣A 时，残局如下：

	北	
	♠A10 ♥7 ♦-- ♣J	
西 ♠J7 ♥-- ♦J ♣8		东 ♠-- ♥-- ♦985 ♣Q
	南 ♠8 ♥8 ♦-- ♣97	

笔者送出第三圈梅花，东家进手，他全手只有方块可回。于是笔者手中将吃，桌上垫掉红心，然后从手中出牌，形成“王谱”，活捉了西家的将牌 J。若是♣Q 在西家，他赢进这一墩，不论是引出方块，还是回攻将牌，定约也都必然成功。

关闭室叫牌过程如下：

西	北	东	南
南联队	175队	南联队	175队
林志谋		谢仕荣	
	1NT	2♦	2♥
Pass	4♥	All Pass	

西家也首攻方块，如果东家吃进首墩，立即转攻单张黑桃，以后可以将吃黑桃，然后必取♣Q而击垮定约。实战中，东家第二墩续拔方块，给了庄家一个喘息的机会。这位佚名的庄家，确实把握了这一线生机，以完美无缺的手顺完成了定约。

庄家将吃第二圈方块，清将牌到桌上K，由♣K回手，再清将牌，西家♥A吃，反抽第三圈王牌到桌上Q。庄家接着拔♣A，如果敲下♣Q，则黑桃就是好分配，再送出一圈黑桃，两手牌就全都大了。但♣Q并未击落，庄家遂送出第三圈梅花，打大了手中的第四张梅花。接下来，明手以最后一张将牌将吃敌方的方块迫将，拉回黑桃，手中的♠K吃掉东家的单张Q，以第四张梅花抛掉桌上一张黑桃，然后再偷黑桃，赢取明手的♠A-10而吃足十墩牌。

32 兼容并包

1980 年 5 月，国际桥艺中心举办了一场别开生面的比赛——舒美杯，吸引了三十余队参与角逐。比赛为期两天，先以两场双人赛方式，选出东西方及南北方合计序分最高的四队进入决赛，决赛则以两场淘汰赛决定四队的名次。

鏖战两日，龙星队在 16 副牌的冠亚军决赛中，以 30 余国际序分的差距击败宜联队夺得冠军。最后的名次如下：

冠军龙星队：张植鉴、郭哲宏、黄光辉、陈国榕

亚军宜联队：羊公传、苏锦铨、陈传诚、田隆

季军时光队：曹炎炎、曹伟伟、曹修健、林朝雄

殿军文风队：许孟麟、俞郁挺、冯中和、张瑞麟

下面是冠亚军决赛中一副有趣的牌局，南家发牌，南北方有局。

	北	
	♠AK43 ♥AQ7 ♦AQ105 ♣J9	
西 ♠9862 ♥85 ♦973 ♣Q872		东 ♠Q105 ♥KJ10 ♦KJ62 ♣1043
	南 ♠J7 ♥96432 ♦84 ♣AK65	

第一桌叫牌过程如下：

西	北	东	南
龙星	宜联	龙星	宜联
张植鉴	羊公传	郭哲宏	苏锦铨
			Pass
Pass	1♦	Pass	1♥
Pass	2♠	Pass	3♣
Pass	3♥	Pass	3NT
All Pass			

西家首攻♠9，明手出小黑桃，东家Q吃起，并续攻黑桃。庄家偷红心，虽然偷不到，但在再送一圈红心后，就打大了两墩红心。庄家在两门高花各取得三墩，加上♦A及♣A-K，轻松地完成定约，宜联队得600分。

第二桌叫牌过程如下：

西	北	东	南
宜联	龙星	宜联	龙星
陈传诚	黄光辉	田隆	陈国榕
			Pass
Pass	1♣	1♠	2♥
Pass	2♠	Pass	3♣
Pass	3♦	Pass	3♠
Pass	4♥	All Pass	

北家的 1♣是精准制，东家超叫 1♠，示平均牌型或有一门五张以上低花牌组。南家的 2♥，虽符合正性答叫的约定：五张牌组及 8 点以上，但美中不足的是红心全都是童子军，或许 1NT 是更正确、也更实际的选择吧！

对抗南家的 4♥定约，西家首攻将牌♥ 8。笔者在明手跟小红心，先让东家赢取♥ J，然后以♣ A 吃进东家回攻的梅花。

从西家的首攻将牌，笔者首先想到的，东家应该是平均牌型，并无五或六张低花牌组，否则西家似乎会首攻短门，冀图将吃才对。如果东家确系平均牌型，虽然将牌必失两墩，低花只能再丢一墩，但无论是西家或东家持有♦ K，完成定约应非难事。

笔者清第二圈将牌，明手出♥ A，东家跟出♥ 10。接下来，明手拉回梅花，东家跟出，手中♣ K 取，明手提掉♠ A–K，出第三圈黑桃，东家掉下♠ Q，手中将吃。然后笔者出第三圈梅花，桌上的♥ Q 将吃，手中再将吃第四圈黑桃，东家抛掉一张方块。现在大家都剩下四张牌，残局如下：

	北	
	♠--	
	♥--	
	♦AQ105	
	♣--	
西		东
♠--		♠--
♥--		♥K
♦973		♦KJ6
♣Q		♣--
	南	
	♠--	
	♥9	
	♦84	
	♣6	

笔者送出王牌，东家的♥ K 进手，只能回攻方块。于是桌上赢取二墩方块，全手仅失两墩将牌及一墩梅花，完成定约，我队得 620 分，净胜 1 国际序分。

事后检验，在东家持有三张将牌的情况下，无论他的牌型是 4-3-3-3 或 4-4-3-2，或者是 5-3-3-2 五张方块，庄家的手顺均可完成定约，是兼容并包的打法。请注意，由明手拉回第二圈梅花，可以避免东家是 3-3-6-1 的分配。另外，明手将吃梅花前，手中先将吃第三圈黑桃，则在东家是 4-3-4-2 或3-3-5-2牌型，超将吃第三圈梅花时，明手仍可赢取两墩方块而成约。另外，如果是东家持有四张梅花，在他提吃♣ Q 之后，依旧是最后迫出的形势，还是要引方块投向明手，而让庄家完成定约。

33 掌握机会

舒美杯决赛第一场，龙星队及文风队之役一副有趣的精彩牌局，龙星队在叫牌、防守及主打上都掌握了机会，在一桌击垮对方的成局，而在另一桌完成满贯。这一副牌是东家发牌，双方有局：

♠94
♥AK1098432
♦9
♣95

西		北		东
♠K6		北		♠A107532
♥J76	西		东	♥Q
♦Q4				♦72
♣KQJ873		南		♣10642

♠QJ8
♥5
♦AKJ108653
♣A

第一桌叫牌过程如下：

西	北	东	南
文风	龙星	文风	龙星
	郭哲宏		张植鉴
		Pass	1♦
2♣	4♥	Pass	4NT
Pass	5♦	Pass	6♦
All Pass			

在西家跳叫 2♣之后，北家持 8 张坚强的红心牌组，立即跳叫 4♥，希望敌方没有机会叫出黑桃。其实持东家牌，应勇敢地叫出 4♠，一者己方可能有一个便宜的牺牲叫，二者有指示引牌的作用，让同伴能作有利的选择。在东家 Pass 之后，南家以黑木特约得知同伴有一张 A，乐观地叫上了方块小满贯。

西家不知道东家有♠A，自然首攻♣K，东家垫♣10，显然是告诉同伴有

♠A。庄家单张♣A赢进首墩，清将牌A–K，西家♦Q应声落下，解决了庄家的第一个问题，现在只要敌方的红心是2–2分配，手上的黑桃失墩即可全数垫掉，定约将可超打一墩。

由于东西方的红心3–1分配，庄家原本无法吃通红心，定约也将无法作成。然而，东家不必要的在首圈垫掉♣10，让定约有了一线生机。庄家清将牌，最后五张牌时，残局将成为：

	♠9 ♥AK10 ♦-- ♣9	
♠K ♥J76 ♦-- ♣Q	北 西　　东 南	♠A107 ♥Q ♦-- ♣6
	♠QJ8 ♥5 ♦3 ♣--	

庄家出最后一张将牌，西家受挤，被迫抛掉♠K，于是明手也抛掉黑桃。然后明手拔掉♥A，击落东家的Q，出♣9投入西家，迫引红心，明手再取♥K–10两墩，定约就回家了。如果东家不在首墩垫掉♣10，残局时，东家只要留住♠A及♣10，西家即可抛掉♣Q而保留♠K，庄家的投入打法就无法得逞了。

实战中，庄家清将牌时，东家已经垫掉所有的梅花，这就给了庄家另一个成约的机会。当西家被迫垫掉♠K时，庄家也垫掉明手的♣9，然后明手拔♥A–K，发现是3–1分配之后，拉回黑桃，东家赢吃♠A，还得让庄家取得一墩黑桃而完成定约。

第二桌叫牌过程如下：

西	北	东	南
龙星	文风	龙星	文风
黄光辉		陈国榕	
		Pass	1♦
2♣	2♥	2♠	4NT
Pass	5♦	All Pass	

北家持一门极度适合主打的独立牌组，只轻轻地叫了一声 2♥，让笔者在配合同伴牌组的情况下，有机会叫出有指示引牌作用的 2♠。

对抗 5♦定约，西家理所当然地首攻♠K，然后小黑桃到东家 A，♦Q 将吃第三圈黑桃，庄家还未上手，定约即已宣告不治。

34 一牌难忘

1981 年 12 月 4 日晚，第二十四届亚太杯桥艺锦标赛在台北市忠孝东路上的来来大饭店揭幕，共有十个国家及地区的代表队参与此一盛会。代表台湾地区参加公开组队制赛的阵容如下：

队长：张植鉴、谢仕荣

教练：黄光明

管理：陈光

队员：黄光辉－陈国榕、郭哲宏－林宏时、张溪圳－张英村

12 月 5 日及 6 日先以论对赛展开序幕，两天下来，张溪圳及张英村贤昆仲两度夺得冠军，光辉及笔者以些微差距居次，得到亚军。中国台湾中华队包办了论对赛的冠、亚军，先声夺人，是一个好的开始。

12 月 7 日展开队制赛，赛程分为两个大循环进行。第一循环九场赛完，积分领先的两队是印度尼西亚队 50.78，中华队 49.96，我队以 0.82 胜分的差距暂时落后。第二循环中，两队表现都十分优异，积分不时超越对方，且大幅领先第三名之后的各队。在最后一场未赛前，印度尼西亚队以积分 102.16 : 100.40 领先我队 1.76 胜分。因此，在最后一场，我队必须以胜分 4.89 : 3.11 以上的差距获胜，才能夺得冠军。

12 月 15 日，这一届亚太杯的最后一场，在下午两点展开，由中华队和印度尼西亚队两强对决，争夺冠军。大会安排了转播，由《纽约时报》桥艺专栏主笔 AlanTruscott 及沈君山博士担任讲评。我队教练安排的阵容，是黄 – 陈对在关闭室迎战 Aguw–Lasut，而郭 – 林对则在公开室对抗 Sakul–Waluyan。上半场十四副牌结束，我队以 24 : 15，领先印度尼西亚队 9 国际序分。

下半场两队都维持同样的阵容，而郭 – 林对移至关闭室，笔者与光辉则转战公开室。比赛继续进行，由于转播的缘故，公开室及转播的展示室是由第二十七副牌开始，然后第二十八副牌，接下来才回到第十五副牌继续进行。赛完第二十五副牌时，我队以 38 : 29 领先对手，但差距不足，尚无法让我队赢得冠军。

第二十六副牌，东家发牌，双方均有身价。这是最后一副牌，也是中华队能否夺冠的最后一个机会。对展示室内观看转播的桥友来说，是扣人心弦的一牌。

	北 ♠53 ♥Q53 ♦AJ105 ♣J1063	
♠K8 ♥AKJ8742 ♦Q94 ♣4	西 □ 东	♠AJ9762 ♥-- ♦73 ♣A9752
	南 ♠Q104 ♥1096 ♦K862 ♣KQ8	

关闭室印度尼西亚队叫牌过程如下：

西	北	东	南
Aguw	林宏时	Lasut	郭哲宏
		Pass	Pass
1♥	Pass	1♠	Pass
4♥	All Pass		

持西家牌第二次跳叫红心一局，是理所当然的正常叫品。北家首攻♣J，桌上♣A吃住，由♠K回手，庄家拔♥A-K，Q未击落，乃送出第三圈将牌。北家进手，续攻梅花，庄家将吃。敌方既未提吃方块赢墩，庄家认为当是天赐良机，只要偷到♠Q，即可作成定约，于是出黑桃，桌上J偷过。南家赢进，方块出炉，击垮定约两墩，我队得200分。

公开室及展示室观众看到的中华队叫牌过程如下：

西	北	东	南
黄光辉	Sakul	陈国榕	Waluyan
		1♠	Pass
2♥	Pass	2♠	Pass
3♦	Pass	3♠	Pass
4♠	All Pass		

最后由笔者主打 4♠定约。南家如果首攻方块，定约必宕，但南家当然正常地首攻♣K。笔者手中♣A 赢进首墩，明手将吃一次梅花，提掉♠K，♥A–K 抛掉方块失张，将吃方块回到手中，拔掉♠A，送出两次梅花，打大第五张梅花，全手只丢一墩将牌及两墩梅花，完成定约，我队得 620 分。两桌合计，我队共得 820 分，13 国际序分。

加上这 13 国际序分，终场的比数是 51∶29，再加上 11 副平牌，折算胜分为 6.2∶1.8，我队终于击败印度尼西亚队，登上这一届亚太杯队制赛公开组的王座。从最后的比数可以看出，这是一场高水平的比赛，28 副牌中有 11 副牌旗鼓相当、不分胜负；败的一队平均每副牌失分不到 2 分，已是够水平的演出；而胜的一队平均每牌仅失 1 分，以“超水平”来形容，绝不为过。

比赛结束，笔者步出公开室，在得知结果的那一刹那，心情充满了激动及兴奋，久久难以自已。然而，当笔者拿到上述东家牌，作叫牌的考虑时，笔者的心情是平静的，是以平常心来评估这手牌。两门 6–5 的牌组，又有两张 A，而且是生在长门牌组上，它的牌值远远超过一般开叫的牌。笔者相信，任何够水平的专家，都会作出同样的选择，开叫 1♠。

12 月 15 日晚，在胜利晚宴及颁奖仪式后，第二十四届亚太杯曲终人散，队制赛公开组的最后名次如下：

冠军中国台湾中华队胜分 106.60

亚军印度尼西亚队胜分 103.96

季军新西兰队胜分 78.93

殿军澳洲队胜分 78.90

35 攻守俱佳

第十届中华杯复赛于 1982 年 3 月 27 日至 29 日，连续三天在台北国际桥艺中心举行。参赛的六队分别是：代表北区的龙星、利伦及江友三队，代表中区的新竹队，以及代表南区的屏东及南联二队。鏖战三天的结果，前四名依序为南联、江友、利伦及新竹，都取得晋级准决赛的资格。至于赛前各方看好的龙星队，则以不到 0.1 胜分之差落后新竹队，惨遭淘汰，跌破了大多数人的眼镜。复赛第四场，南联队遭遇利伦队，南联队的阵容是谢仕荣－徐嘉华、马道仁－黄永松、万钧－陈国榕三对，而利伦队则由林宪助领军，搭配了刘学贤、钟俊文、杨宏宇、李政道及钟仁谦等青年好手。结果南联队以国际序分61:58，平牌8副，胜分4.18:3.82小胜。下面是一副攻守俱佳的好牌，南家发牌，双方无局：

♠A98
♥83
♦AKQ876
♣85

北
西 东
南

♠J5
♥K654
♦109
♣AQ974

西	北	东	南
利伦	南联	利伦	南联
杨宏宇	万钧	钟俊文	陈国榕
			Pass
1♥	2♦	Pass	2NT
Pass	3NT	All Pass	

西家首攻♠K，明手让过，东家跟♠4。由于♠3及♠2不见，西家判断同伴欢迎这门花色，遂续攻♠Q，打下庄家的♠J，明手再让一圈，在第三圈黑桃时才以♠A吃进，手上垫了一张小梅花。

笔者盘算，若是方块好分配，庄家赢牌已有八墩，但西家有开叫牌力，♥ A 及♣ K 应该都在他手中，偷牌成功的机会实在不大，要如何进行才能取得第九墩呢？还是先对敌方施加压力吧！当明手提掉♦ A–K 而防家都跟出时，笔者暂时松了一口气。于是桌上再提吃三圈好方块，西家抛掉三张红心，笔者则垫掉两张红心及一张梅花。从西家的开叫及垫牌，笔者判断他应该是 4–5–2–2 的牌型，因而，此时的残局应该是这样的：

西	北 / 南	东
	♠-- ♥83 ♦6 ♣85	
♠7 ♥AQ（J） ♦-- ♣K?	北 西 □ 东 南	♠10 ♥J（Q） ♦-- ♣? ? ?
	♠-- ♥K6 ♦-- ♣AQ9	

接下来，明手续提♦ 6，东家垫掉♥ J，笔者抛掉♣ 9。此时西家已无法安全垫牌，如果他垫掉黑桃，笔者就送红心，让西家赢吃两墩红心，然后迫引梅花，投到庄家♣ A–Q 的怀抱。如果西家垫掉♥ Q，笔者只要让一圈红心，即可打大一墩红心。最后西家决定垫掉♣ 3，希望庄家偷梅花，则可击落定约。西家的防御虽对庄家形成压力，但笔者丝毫也不含糊，以♣ A 击落他的单张♣ K，于是♣ Q 凑足了九墩牌。

全手牌情如下：

	♠A98 ♥83 ♦AKQ876 ♣85	
♠KQ76 ♥AQ1092 ♦54 ♣K3	北 西　　东 南	♠10432 ♥J7 ♦J32 ♣J1062
	♠J5 ♥K654 ♦109 ♣AQ974	

在另外一桌，同样由南家主打 3NT，西家也首攻♠ K，但或许西家已经看到上面五张牌的残局，则同伴必须持有J四张黑桃，且须立即在第二圈时引小黑桃，才有望击垮定约。因而在第二圈时，西家未攻♠ Q，而攻出小黑桃，庄家不费吹灰之力，♠J 赢了这一墩，轻轻松松地完成定约。

36 机不可失

1982年3月29日，台北国际桥艺中心内战云密布，迷漫着一片烟雾，第十届中华杯复赛正如火如荼地进行中。南联队在复赛第五场，也是最后一场时，遭遇龙星队，并以国际序分98:70，胜分5.6:2.4击败龙星队。龙星队阵容坚强，有黄光辉－郭哲宏、张溪圳－张英村、陈光－方曙三对完整的搭档，是赛前最被看好的一队，但在此次复赛中表现并不理想。至此，以不到0.1胜分之差，落后第四名的新竹队，无法晋级准决赛。下面是这场比赛第三圈第六副牌，东家发牌，东西方有局，防家一时不察，给了庄家可乘之机，而让庄家完成了不能成功的定约。

	北	
	♠7 ♥AQ932 ♦Q43 ♣8754	
西 ♠32 ♥J10874 ♦K1097 ♣J6	北 西　　东 南	东 ♠J109654 ♥K5 ♦5 ♣AQ102
	♠AKQ8 ♥6 ♦AJ862 ♣K93	

西	北	东	南
龙星	南联	龙星	南联
	万钧		陈国榕
		1♠	1NT
Pass	3♥	Pass	3NT
All Pass			

西家首攻♠3，到♠7、♠9及♠A。如果方块好分配，庄家可以建立四墩方块，加上高花上有四墩顶张，只要东家有♣A，定约就回家了。于是在第二墩时，笔者拔掉♦A，出小方块到桌上♦Q，吃到了，但是方块是4-1分配，东家垫掉♣2。明手拉回梅花，东家♣A跳出，猛攻♠J，笔者♠K赢吃，西家跟出♠2。此时东家得知黑桃的实际分配，发现情况不妙，因而在下一圈笔者拔♣K时抛♣Q以避免进手。接着笔者送出第三圈梅花，不但打大了明手的第四张梅花，

并强迫东家的♣ 10 上手，是时残局如下：

	♠-- ♥AQ93 ♦4 ♣8	
♠-- ♥J1087 ♦K9 ♣--	北 西　　东 南	♠10654 ♥K5 ♦-- ♣--
	♠Q8 ♥6 ♦J86 ♣--	

如果东家回攻小黑桃，庄家将♠ 8 飞过，赢取♠ Q，由♥ A 下桥，加上♣ 8，就有九墩牌了，因此东家英勇地冲出♥ K。然而笔者早已成竹在胸，提掉明手已经打大的♣ 8，并在西家垫掉♦ 9 之后，送出方块进西家手。西家转攻♥ J，明手让过这一圈，然后♥ Q-9 取得最后两墩而完成定约。

明手出♣ 8 时，如果西家不抛方块而垫掉红心，也无法击落定约。因为庄家将提掉♥ Q，送出红心，手中抛掉♠ Q-8，然后坐等♦ J 成为定约所需的第九墩牌。

牌桌上，实战中，无人能避免犯错。东家有两次机会可以击垮定约，首先在♦ Q 时垫掉黑桃而非梅花；其次在垫掉梅花后，明手拉回梅花时，东家应出♣ Q 而非♣ A，而在下一圈梅花时，西家的♣ J 将可上手穿梭红心，庄家终因赢墩不够而无法完成 3NT 定约。

37 关键的超墩

第十届中华杯准决赛于 1982 年 4 月 10 日及 11 日两天，假台北国际桥艺中心举行。比赛采用淘汰赛，国际序分制，每场赛 48 副牌，国际序分相同时，则比较总分，取两队晋级决赛。4 月 10 日，第一场准决赛的结果，南联队以 63 国际序分之差击败利伦队，江友队则以 8 国际序分小胜新竹队。江友队的阵容为吴锦祥－陈传诚、高震－陈再新、魏永生－梁贞诚，都是北市桥坛的好手。新竹队麾下则为甘允南－王淑春、詹行懋－郑建泽、王礼泽－白永隆，也都是经常在大赛中碰面、桥技出众的老手。

4 月 11 日，进行准决赛第二场。下面是南联队及江友队这一场的第四十八牌，也是最后一副牌，西家发牌，双方有局：

	♠10732 ♥J754 ♦K10 ♣AJ5	
♠AJ5 ♥K983 ♦7653 ♣Q7	北 西 　 东 南	♠Q86 ♥Q106 ♦A ♣1086432
	♠K94 ♥A2 ♦QJ9842 ♣K9	

关闭室叫牌过程如下：

西	北	东	南
南联	江友 吴锦祥	南联	江友 陈传诚
Pass	Pass	Pass	1NT
Pass	2♣	Pass	2♦
Pass	3NT	All Pass	

叫牌为精准制，北家虽仅有 9 点牌力，但似乎已洞察同伴的牌情，直跳无将一局，成为最后定约。

由于庄家并无高花牌组，或许西家应积极地首攻红心，则在正确防御下，可击垮定约二墩至三墩，给这个高叫的定约一个教训。然而西家消极地首攻小方块，帮了庄家大忙，轻轻松松地完成九墩，江友队得 600 分。

公开室叫牌过程如下：

西	北	东	南
江友	南联 万钧	江友	南联 陈国榕
Pass	Pass	Pass	1♦
Pass	1♥	Pass	2♦
All Pass			

南北方牌力不够，最后停在部分定约。西家首攻♣Q，笔者♣K吃进，清将牌，到明手♦K。东家♦A赢吃，续出♣10。明手♣J取，拉回小黑桃，手中出♠9，逼出西家的♠J。西家消极地回攻将牌，桌上♦10赢进，东家单张将牌，垫了一张小梅花。由于西家是双张梅花，此时如果出♣A垫牌，西家必然将吃，因此笔者以大将牌将吃♣A回到手中，再清两圈将牌，形成如下残局：

	北	
	♠107 ♥J75 ♦-- ♣--	
西 ♠A5 ♥K98 ♦-- ♣--		东 ♠Q8 ♥Q10 ♦-- ♣8
	南 ♠K4 ♥A2 ♦8 ♣--	

接着笔者手中出♦8，西家及明手都垫掉红心，东家垫掉♣8。然后笔者拔

掉♥ A，西家抛♥ K，避免被投入。于是笔者送出♥ 2，东家♥ Q 进手，只能回攻♠ 8，笔者明察秋毫，手中跟♠ 4，西家♠ A 取，定约超打一墩，南联队得 110 分。庄家出♦ 8 时，如果东家垫掉♠ 8，而保留♣ 8，则庄家将直接由手中出♠ K，以一石二鸟法击落东家的♠ Q，定约依然可以超打一墩。

这一牌江友队得了 490 分，10 国际序分。比赛结束，两队以国际序分 89 : 89 战成平手，比较总分的结果，南联队以 520 分领先，遂由南联队获胜并首先取得决赛权。其实这手牌庄家早已有八墩牌，成约必然，而攻守双方所努力的，仅只是超墩的 20 分罢了。但事后看来，这最后的超墩至为关键，如果没有此一超墩，江友队即赢 510 分，11 国际序分，而这场准决赛的结果也将变成 90 : 89，江友队将以 1 国际序分获胜而首先取得决赛权。

这一场的同时，利伦队以 5 国际序分之差淘汰了新竹队。接下来的第三场准决赛，江友队则以悬殊比数击败利伦队，继南联队之后也取得晋级决赛的资格。

38 最佳打法

桥牌在台湾，是属于小众活动，与欧美及邻近各国和地区鼎盛的桥风相比，真有天壤之别。主事者推广桥运，鼓励参与尚且不足，如果还要强加各种限制，结果必定是更加扼杀了桥运的发展，让更多的桥友裹足不前。1982 年，台北市桥艺协会不顾整体环境的不适合，在没有配套措施的情况下推出分级制度。以一次分级比赛，草率地决定了六支甲组队及八支乙组队。施行的结果，大大地打击了桥协的公正性，引发大家对比赛的公平产生质疑，让更多的桥友离开了桥牌。当年 4 月，由台北市桥协主办的梅花杯春季大赛，比赛的结果，更是强烈地讽刺了这个草率的分级制度。在参赛的二十三支队伍中，甲组四队，乙组五队，其余十四队公开组，而最后晋级决赛的四队，仅一支甲组队，三队为公开组，乙组队则全军覆没。

下面是复赛时，中亚、圆缘之役的一副牌。中亚队属公开组，圆缘则为乙组队，阵容是刘宗立、戴淑美、陈颖、周月云、方慧珠及谭人钦，是一位老手加上五位女将的队伍。这一副牌是东家发牌，双方无局：

♠95
♥A10954
♦A4
♣AQ43

北
西 东
南

♠AKQ10642
♥Q3
♦105
♣97

叫牌过程如下：

西	北	东	南
圆缘	中亚	圆缘	中亚
刘宗立	柯淑美	戴淑美	陈国榕
		Pass	1♠
Pass	2♥	Pass	2♠
Pass	3♣	Pass	4♠
Pass	5♦	Pass	6♠
All Pass			

笔者开叫 1♠后，同伴叫了其他三门牌，自然是一手好牌，邀请满贯。笔者虽是低限牌力，但黑桃是坚强的 AKQ 七张，自然义不容辞跳叫 6♠，成为最后定约。

西家首攻♦6，明手跟小牌，东家 K 赢进，回攻♦2 到明手 A。西家的♦6，是最具杀伤力的攻牌。如果首攻高花，庄家有足够的时间建立红心，如果只能打大一墩红心，则还需要偷到♣K。如果首攻梅花，庄家只能闭着眼睛飞过，如果偷到♣K，以后打大一张红心垫掉方块失张，满贯定约就回家了。

方块已失一城，其他三门都不能再丢了。要完成定约，首先必须偷到梅花，亦即西家有♣K。其次还要敌方的红心是单张 K，否则就只有挤牌一途了。要挤牌成功，必须持♥K 的敌方，同时有五张梅花，则庄家拔掉♥A，奔吃将牌，打成维也纳谱（Vienna Coup），防家将在最后一张将牌时受挤，定约就成功了。然而，如此打法，机会似乎也不大，还有其他路子吗？

笔者仔细思索之下，找到了一个机会稍好的打法，全手牌如下：

西	北	东
	♠95 ♥A10954 ♦A4 ♣AQ43	
♠J87 ♥87 ♦Q9863 ♣K108	北 西 东 南	♠3 ♥KJ62 ♦KJ72 ♣J652
	♠AKQ10642 ♥Q3 ♦105 ♣97	

笔者清一圈大将牌，敌方都跟出，然后出梅花，明手 Q 偷过，吃到了，遂继续清将牌。最后五张牌时，成为如下的残局：

西	北/南	东
	♠--	
	♥A10	
	♦--	
	♣A43	
♠--	北	♠
♥87	西 □ 东	♥KJ
♦Q		♦--
♣K10	南	♣J65
	♠64	
	♥Q3	
	♦--	
	♣9	

笔者再出♠ 6，明手垫掉♥ 10 时，东家受挤，定约成功矣。如果东家抛掉梅花，则提掉♣ A，将吃梅花，♥ A 下桥，第四张梅花已大。如果东家抛掉♥ J，则拔掉♥ A，击落东家♥ K，将吃梅花回手，♥ Q 也大了。

笔者最后的选择，是舍单挤，而就将挤（Trump squeeze）。采维也纳谱以单挤进行，敌方的梅花必须 6-1 或 5-2 分配。至于将挤，则只要持♥ K 的敌方同时有四张以上的梅花即可。若是维也纳谱可以成约，则将挤自必奏效，明显是本牌的最佳打法。

39 殊途同归

1982 年 4 月，由台北市桥艺协会主办的春季大赛——梅花杯，有四队甲组队、五队乙组队及十四队公开组队，共二十三队参与角逐。经过月余的鏖战，甲组四队中，江友、利伦、常在三队都在准决赛后淘汰出局；乙组五队更是全军覆没，无一幸存。最后晋级决赛的，除骏青属甲组队，其余万全、黑潮、中亚三队均为公开组队。决赛结果，四队名次如下：

冠军万全：叶瑞标、曹修建、郑焜仁、王庆禾、林朝雄、胡希真

亚军骏青：吕振旦、陈永弘、隋俊魁、陈万惠、镡格

季军黑潮：张溪圳、张英村、陈传诚、吴锦祥

殿军中亚：江斌瑜、陈炳昌、徐裕人、万钧、陈国榕、柯淑美

下面是复赛阶段，中亚、好时年之役的一副牌，北家发牌，双方有局。

	北	
	♠8764 ♥4 ♦A954 ♣A853	
西 ♠QJ5 ♥Q65 ♦KQ7 ♣J742		东 ♠AK1092 ♥92 ♦1063 ♣Q96
	南 ♠3 ♥AKJ10873 ♦J82 ♣K10	

叫牌过程如下：

西	北	东	南
好时年	中亚	好时年	中亚
	柯淑美		陈国榕
	Pass	Pass	1♥
Dble	Pass	2♠	3♥
Pass	4♥	Pass	Pass
Dble	All Pass		

西家牌力仅 11 点，牌型又非十分适合，逼叫加倍已属勉强，又有何德何能处罚最后的 4 ♥定约呢？

西家首攻♠ Q，再攻♠ J，东家盖上 K，笔者将吃，拔♥ A-K，送出第三圈将牌，西家♥ Q 吃去。抽将牌时，明手垫掉一张黑桃及一张方块，东家则抛掉一张黑桃。西家再接再厉，又引第三圈黑桃，东家跟出♠ A，笔者再将吃，拔一张♥ 10，西家垫掉梅花，明手应该抛掉方块还是梅花呢？

此时已知东家持有♠A−K，另外在低花上可能有一张大牌。再从西家的逼叫加倍，判断他的牌型应该是 4−3−3−3 的分配。如果西家是四张梅花，由于他已经垫掉一张梅花，笔者只要提掉♣K−A，再将吃第三圈梅花，即可打大桌上第四张梅花，定约就回家了。

方块上有无多取一墩的机会呢？从西家的逼叫加倍可推断他持有♦K−Q，如果东家持有♦10，庄家即有可能多取一墩方块。笔者不确定西家的梅花张数，觉得方块的机会较大，于是明手也抛掉一张梅花，东家则垫掉方块，此时残局如下：

	♠−− ♥−− ♦A95 ♣A85	
♠−− ♥−− ♦KQ7 ♣J74	北 西　　东 南	♠2 ♥−− ♦106 ♣Q96
	♠−− ♥8 ♦J82 ♣K10	

笔者出♣10 到 A，引回♦5，东家跟 6，手中的 8，逼出西家的 Q。然后笔者以♣K 赢吃西家的梅花回攻，再出♦J，西家盖 K，明手 A 取，一石二鸟，击落东家♦10。4♥定约加倍作成，中亚得 790 分。

在另外一桌，对抗未加倍的 4♥定约，中亚西家首攻♦K，以后庄家也偷东家的♦10 而轻易成约，好时年得 620 分，中亚小胜 5 国际序分。

事后检验，笔者采取的上述打法，是值得检讨的，并非本牌的最佳打法。

事实上，在东家有♦10的情况下，不论他是否在最后垫掉方块，定约均属必成。假定东家保留了第三张方块，则最后六张牌的残局如下：

北：♠-- ♥-- ♦A95 ♣A85

西：♠-- ♥-- ♦KQ7 ♣J74

东：♠-- ♥-- ♦1063 ♣Q96

南：♠-- ♥8 ♦J82 ♣K10

此时笔者只要续出♥8，西家即已受挤。如果西家垫掉小方块，则笔者让送一圈方块，然后♦A拔掉他的另外一张大牌，♦J将轻易赢得一墩。因此西家只能垫掉梅花，于是明手也垫掉梅花，提掉♣K-A，从桌上拉回方块，进行终局打法，手中出♦8，西家♦Q吃进，追攻方块，笔者手中的♦J必可取得一墩。这才是本牌的最佳打法，不论东家有几张方块，定约都必定成功。

另外值得一提的，本牌能完成定约，应归功于残局时屹立于明手的♣A。若是东家能洞悉终局的情势，首圈盖吃上手转攻小梅花，然后西家将牌进手时续攻梅花，铲除桌上的桥引，即可避免终局时陷入剥光投入的陷阱，定约即不可能成功。

实战中，庄家最后的打法，是以“复式偷牌法”（Intra finesse）完成定约。Intra finesse是巴西名手、世界冠军Gabriel Chagas发明的名词，一般均依字意译为“内部偷牌法”，但依其实际的进行方式，实应译为“复式偷牌法”较为贴切。

40 莞尔篇

万全队是早期台北市的桥坛劲旅，经常在大小比赛中创下佳绩。1982 年 4 月，万全队全师而出，角逐梅花杯，在叶瑞标的领军下，搭配了郑焜仁、王庆禾、林朝雄、胡希真及曹修建等老将，果然在济济多士的春季大赛中脱颖而出，夺得锦标。准决赛阶段，中亚、万全一役，出现了下面这一副有趣、令人莞尔的部分定约，南家发牌，南北方有局：

	北	
	♠J983 ♥J82 ♦AK ♣AJ87	
西 ♠74 ♥105 ♦10976 ♣K10532		东 ♠AQ102 ♥AQ93 ♦543 ♣Q9
	南 ♠K65 ♥K764 ♦QJ82 ♣64	

叫牌过程如下：

西	北	东	南
中亚	万全	中亚	万全
柯淑美	王庆禾	陈国榕	郑焜仁
			Pass
Pass	1♣	Dble	1♥
All Pass			

提起这位庄家，郑焜仁君，可是鼎鼎大名的人物，曾获多届亚太杯公开队制赛及双人赛冠军，更于 1970 年力夺斯德哥尔摩（Stockholm）百慕大杯亚军。郑君生性随和，平易近人，大伙均称之“老郑”而不名。

西家首攻♠ 7，到 8、10 及 K。老郑桌上提掉♦ A–K，然后出♣ A 及小梅花。

笔者♣ Q 进手，拔掉♠ A–Q，又攻第四张♠ 2，老郑♥ 6 将吃，西家♥ 10 超将吃，此时残局如下：

西	北	东
	♠-- ♥J82 ♦-- ♣J8	
♠-- ♥5 ♦109 ♣K5	北 西 □ 东 南	♠-- ♥AQ93 ♦5 ♣--
	♠-- ♥K74 ♦QJ ♣--	

如果西家拔♣ K，迫庄家将吃，东家趁机垫掉方块，以后必可取得三墩将牌而击落定约。但西家回攻♦ 10，老郑手中 Q 吃，再出♦ J，明手♥ 8 将吃。庄家已经吃到五墩，如果笔者以♥ 9 超将吃，全手剩下将牌，只能回攻将牌，庄家手上必然跟小将牌，定约就够七墩了。于是笔者心生一计，以♥ A 超将吃，引回♥ 3。老郑喜出望外，未及深思即跳出老将，于是笔者摊牌，再取♥ Q–9，击落定约一墩。

定约已宕，老郑面带腼腆，对面的王铁头早已不耐，大叫道：“死人啊！不会跟一张小红心吗？”

41 忙张与闲张

"忙张"（Busy card）及"闲张"（Idle card），是克卜生（Ely Culbertson）创造的名词。在他的名著《红皮书》（*Red Book on Play*）一书中，"忙张"的定义，是可以赢取一墩的牌张，或是有机会取得一墩的牌张的护卫；"闲张"则是无前述赢墩作用，只供持有者垫牌以保留忙张之用。

1982 年 4 月的台北市春季大赛梅花杯，中亚队在准决赛遭遇启盟队时，出现了下面这副牌，东家发牌，双方无局：

	北	
	♠Q ♥A9854 ♦J87 ♣A864	
西 ♠976 ♥K1063 ♦1054 ♣K92	北 西 □ 东 南	东 ♠A10832 ♥QJ2 ♦93 ♣Q75
	♠KJ54 ♥7 ♦AKQ62 ♣J103	
	南	

西	北	东	南
启盟	中亚 万钧	启盟	中亚 陈国榕
		Pass	1♦
Pass	1♥	Pass	1♠
Pass	2♣	Pass	2♦
Pass	5♦	All Pass	

南北两家均持低限牌力，北家第三次应束叫 3NT，无论任何首攻，进手之后，只要顶出♠ A，即可赢到两墩黑桃，轻轻松松地完成九墩牌。

对抗南家的方块一局，西家消极地首攻将牌。笔者手中♦ A 赢进，送出小黑桃，东家♠ A 吃 Q，又引一张将牌到明手。梅花少了一张 9，无法进行双偷，仅失一墩的机会甚低。笔者只能尽力而为，寄望奇迹出现，提掉♥ A，手中将吃一次红心，明手将吃一次黑桃，手中再将吃第三圈红心，形成下示残局：

西	北	东
	♠-- ♥98 ♦-- ♣A864	
♠9 ♥K ♦10 ♣K92	北 西　　东 南	♠1083 ♥-- ♦-- ♣Q75
	♠KJ ♥-- ♦A ♣J103	

笔者接着出♦ A，清掉西家最后一张将牌，明手则抛掉红心。东家有♣ Q，在他的想法，♣ 7 及♣ 5 都是“忙张”，必须留着护卫♣ Q。至于第五张黑桃，则绝无赢到的可能，当然是“闲张”，毋庸置疑，遂理所当然地垫掉一张黑桃。

接下来，笔者提掉♠ K–J，西家必须保留♥ K，以看守明手的红心，不得不垫掉一张梅花。明手抛掉红心后，剩下三张梅花，笔者手上出♣ J，西家盖 K，明手 A 取，拉回梅花，手中的♣ 10 完成了这个困难的定约。

事后有先见之明，东家的第五张黑桃显然是“忙张”，而非“闲张”。庄家抽最后一圈将牌时，如果东家垫掉梅花，保留第五张黑桃，庄家势必无法赢到♣ 10，定约也就不可能成功了。

42 不必偷牌

1982年4月，台北市的春季大赛——梅花杯在国际桥艺中心如火如荼地进行中。准决赛阶段，中亚队遭遇常在队时，出现了下面一副牌，南家发牌，南北方有局：

	♠75 ♥AQ84 ♦A93 ♣AQ43	
	北	
西		东
	南	
	♠Q ♥3 ♦KQJ108652 ♣876	

公开室：南北方—常在、东西方—中亚

西	北	东	南
中亚	常在	中亚	常在
陈国榕	蔡中曾	柯淑美	梁台中
			4♦
Pass	5♦	All Pass	

西家首拔♠ A–K，庄家将吃第二圈，抽二圈将牌，从手中出单张♥ 3。庄家的如意算盘，预备在西家跟出小红心时，明手放上♥ 8，投入东家，东家任何回攻，都将解决庄家手中梅花失墩的问题。笔者是西家，跟了一张♥ 9，让庄家的如意算盘无法得逞。庄家无奈，只得出♥ Q 偷过，偷不到，东家 K 取，又还一张红心。庄家手中垫掉梅花，桌上♥ A 吃掉西家的 10，拉回♥ 4，手中将吃。如果西家的红心是 J–10–9 三张，♥J 将在第三圈时打落，打大明手的♥ 8，

垫掉手中梅花失张，定约就回家了。然而西家跟出的是小红心，于是庄家再偷梅花，又偷不到，明手的♣ Q 被东家的♣ K 赢去，定约宕一墩。

全手牌如下：

	北	
	♠75 ♥AQ84 ♦A93 ♣AQ43	
西 ♠AK984 ♥J10962 ♦7 ♣109		东 ♠J10632 ♥K75 ♦4 ♣KJ52
	♠Q ♥3 ♦KQJ108652 ♣876	
	南	

关闭室：南北方—中亚、东西方—常在

西	北	东	南
常在	中亚	常在	中亚
陈光	陈炳昌	邹欣翰	徐裕人
			3♦
Pass	5♦	Dble	All Pass

东家拿了两张 K，虽是在强牌下家，但加倍徒然暴露牌情，实非智者所为。西家也首攻♠ A-K，庄家根据最后的加倍，正确地理解到，东家必然持有

关键的两张 K，也因此找到 100% 的成功打法。庄家将吃第二圈黑桃后，并不立即清将牌，而胸有成竹地出♥ 3 到明手 A，手中♦ K 将吃一次红心，出♦ Q，明手 A 盖吃进手，再出第三圈红心，手中大将牌将吃。结果东家♥ K 落下，遂由♦ 9 下桥，♥ Q 抛掉手中一张梅花，完成加倍的定约。徐裕人君判断正确，演出精彩，为中亚队赢进 850 分，13 国际序分。

庄家的运气真好，♥ K 在第三圈现身，解决了梅花必失二墩的危机，不是吗？事后，徐君指出："如果东家第三圈红心跟出小牌，庄家由♦ 9 下桥，再出♥ Q，东家盖♥ K，庄家不将吃而垫掉梅花，这是标准的'剥光投入'牌例，东家任何回攻，都帮庄家解决了梅花失墩的问题。"

中亚队在初赛、复赛及准决赛各阶段所向披靡，有极为出色的演出，但因后继乏力，在决赛中垫底，而仅能得到殿军。

徐裕人君嗜酒而致宿疾缠身，于 2003 年 11 月间不幸过世，享年五十有五。噩耗传出，老友同感哀悼。

事后检验本牌，庄家梁君的打法，两张关键的黑桃 K，只要有一张在西家手中，定约就成功了，机会是 75%。然而，经过仔细推敲，梁君错失了机会最高的打法，如下：

庄家将吃第二圈黑桃，出红心到 A，手上将吃红心，清将牌到明手 A，手上再将吃红心。若是♥ K 在这三圈中落下，则定约已成；或是西家仅有一张或两张红心，可确定♥ K 在东家，则可以终局打法投入东家完成定约。否则庄家再由♦ 9 下桥出♥ Q，手上垫掉梅花失张；若是东家赢进此墩，定约亦必成功。如果以上情况均未出现，庄家偷到♣ K 时仍可成约。

上述打法成功的概率略高于 80%，超过双偷成功的 75%，应是本牌的最佳打法。关于或然率的概算，相当烦琐，亦颇占篇幅，兹说明于附录"关于或然率的说明"。

43 请君入瓮

1982 年 4 月 3 日，第二届永和市长杯假竹林路社教馆热闹登场。由于正值春回大地，万象更新时节，吸引了大台北地区各路好手热烈参与。笔者也与友好陈光、梁台中、王圣音、陈颖、章立等，共组常在队与会，并在复赛中连续击败强敌龙星、市银、万全等队，但最后与万全队及宜兰队胜分相同，比分结果，我队惨遭淘汰出局，未能进入决赛。

比赛为期三天，角逐结果，最后名次如下：

冠军市银队：陈继平、林宪助、戴明芳、王绍藩、钟仁谦、李政道

亚军龙星队：张植鉴、黄光辉、郭哲宏、徐嘉华、张溪圳、吴锦祥

季军宜兰队：羊公传、卫元德、蒋彦厚、郭家铭、江斌瑜、陈炳昌

殿军万全队：曹修建、王庆禾、徐裕人、胡希真、林朝雄

下面是初赛第三场，常在队遭遇地主永和队的一牌，东家发牌，南北方有局。

♠AK974
♥98
♦763
♣K52

北
西 □ 东
南

♠Q105
♥AQ106
♦AKQ
♣A73

叫牌过程如下：

西	北	东	南
永和	常在	永和	常在
隋俊魁	陈光	镡格	陈国榕
		Pass	1♣
Pass	1♠	Pass	1NT
Pass	2♥	Pass	2♠
Pass	3♦	Pass	3♥
Pass	3NT	Pass	6NT
All Pass			

叫牌是精准制，南家的 1NT、2♠及 3♥均为询问叫，得知同伴全手四控制、五张黑桃带两张大牌、红心有 Q 或双张，遂叫至机会相当好的无将小满贯。

西家首攻♣J，东家跟4，手上的A赢进首墩。如果庄家可以取得五墩黑桃，然后双偷红心，只要东家持有一张红心大牌，即可轻易成约，前景确是一片光明。于是笔者从手中出♠5，西家掉下J，明手吃住，确定了庄家在这门花色可以取得五墩。

正常情况下，此时庄家应改走红心，对东家进行双偷，成功的概率是75%。但现在西家单张黑桃，则红心长门的机会大增，这就降低了双偷红心的成功机会。因此笔者决定先奔吃赢张，增加西家的垫牌压力，乃提掉♦A−K，然后再取四墩黑桃，手中抛掉一张红心及一张梅花。在两圈方块时，敌方都跟出，而且笔者注意到，西家跟♦9−4，表示双数张。接着在黑桃时，东家垫掉一张方块，西家则依序抛掉两张红心、一张梅花及另一张红心。

东家在首圈梅花时跟4，相信他是三张梅花，那么西家应该有四张梅花，因此我猜测西家是1−6−2−4的牌型。为了证实这一点，笔者提掉♦Q，西家果然是双张方块。此时他很难垫牌，考虑良久，抛掉一张梅花，笔者相信此时的残局是这样的：

西	北	东
	♠−− ♥98 ♦−− ♣K5	
♠−− ♥K? ? ♦−− ♣10	北 西　　东 南	♠−− ♥? ♦J ♣Q8
	♠−− ♥AQ10 ♦−− ♣7	

现在由♣K 下桥，拉回红心到手中 Q，西家♥K 吃，只能再回红心，于是笔者再取最后两墩红心而完成定约。或许西家该再垫掉一张红心，而多留一张梅花，但即使如此也难不倒庄家。笔者只要从手中送出♥Q，然后♣K 赢进西家的梅花转攻，出红心到手上的 A，击落外面仅剩的 J，于是♥10 就是成约所需的第十二墩牌。四家牌情如下：

西	北 / 南	东
	♠AK974 ♥98 ♦763 ♣K52	
♠J ♥KJ7532 ♦94 ♣J1096	北 西 □ 东 南	♠8632 ♥4 ♦J10852 ♣Q84
	♠Q105 ♥AQ106 ♦AKQ ♣A73	

在另外一桌，永和队也叫到相同的 6NT 定约，但庄家不幸选择了双偷红心，无法避免宕一墩的结局。

44 千虑一失

1982 年 4 月，在第十届中华杯的一百二十八副牌决赛中，南联队戏剧性地反败为胜，击败江友队，力夺冠军。龙星队虽然在中华杯复赛中未能出线，但随后以黄光辉 - 郭哲宏及陈光 - 方曙四人两对的组合，在挑战权争夺战中击败群雄，取得挑战队资格。在挑战赛及反挑战赛两阶段、十一场、三百五十二副牌的马拉松式长期对抗赛后，龙星队击败南联队，取得当年度参加亚太杯的代表权。

挑战赛第一场举行于 5 月 7 日，下面是考验防御的一副牌，北家发牌，双方无局：

	♠-- ♥KJ1076 ♦Q8 ♣AJ10765	
♠J10742 ♥5 ♦J32 ♣Q842	北 西 □ 东 南	♠A83 ♥A9832 ♦94 ♣K93
	♠KQ965 ♥Q4 ♦AK10765 ♣--	

西	北	东	南
龙星	南联	龙星	南联
	万钧		陈国榕
	1♥	Pass	2♦
Pass	3♣	Pass	3♦
Pass	4♦	Pass	6♦
All Pass			

北家的 1 ♥及 3 ♣应表示倒叫牌力，而且红心长过梅花，或至少等长。持上面的牌，应开叫 1 ♣，以后再叫二次红心才对。笔者在已知同伴有两门长门牌组后，隐藏起黑桃，再叫方块，示 6 张以上的牌组，并在同伴加叫之后，直跳小满贯，成为最后定约。

西家首攻♥ 5，明手跟♥ 6，东家♥ A 赢了这一墩，笔者掉下♥ Q。

东家赢进首墩后，面临难做决定的时刻，外面只剩下一张♥ 4，若是回攻红心，是同伴将吃呢，还是庄家垫牌呢？东家感觉庄家单张红心的可能性较高，又看到明手黑桃缺门，遂在第二圈转攻♦ 4。明手的♦ 8 赢到这一墩，♣ A 垫掉手中一张黑桃，将吃梅花回手，笔者出♠ K，西家跟小牌后，明手以♦ Q 将吃。然后笔者将吃梅花回到手中，清将牌，在最后五张时，残局如下：

西	北	东
	♠--	
	♥KJ107	
	♦--	
	♣J	
♠J1074		♠A
♥--		♥9832
♦--		♦--
♣Q	南	♣--
	♠Q96	
	♥4	
	♦7	
	♣--	

笔者手中出♦ 7，明手抛掉♣ J，东家♠ A 及长红心受挤，让笔者吃足十二墩牌而完成满贯定约。

在另一桌，龙星队陈－方一对停在 5 ♦定约，南联队赢了 11 国际序分。

事后检验，如果是西家持有长门红心，则在最后的五张牌时也将受挤，定约依旧成功。防御这手牌，东家及明手两手共拿了十张红心，如果西家单张红心，东家续出红心，让西家将吃，即已击垮定约。如果是庄家单张红心，回攻红心的结果又将如何呢？进一步考虑庄家的牌型，庄家除了将牌以外，在旁门花色上都没有 A，却没有经过黑木氏询问 A，即直接跳叫满贯，极可能有一缺门。庄家果真有一缺门，就必然是梅花缺门。如果庄家的牌型是 5–1–

7–0，回攻红心让庄家垫掉一张黑桃，对定约并无帮助。而如果庄家是4–1–8–0或3–1–9–0，则不论东家任何攻牌，庄家都可以清两圈将牌进入明手，再以♥K–J–10及♣A垫掉手中的黑桃失张，定约必可作成。况且，如果庄家是六张方块而有两张红心，东家不在此时攻出红心让同伴将吃，终局时势必形成挤牌，让庄家多取一墩而成约。因此，东家必须在第二圈续攻红心，给西家将吃，才能击垮定约。

45 算无遗策

1982 年 5 月 11 日，挑战赛进入了第六场。赛完五场时，龙星队以将近 6 胜分的差距领先南联队。下面是第六场的一副牌，东家发牌，南北方有局，南联队在两桌都抢到一局。

	北	
	♠AQ5 ♥K1086 ♦92 ♣K652	
西 ♠J109643 ♥9732 ♦4 ♣QJ		东 ♠K82 ♥A ♦J1087 ♣A10743
	南 ♠7 ♥QJ54 ♦AKQ653 ♣98	

西	北	东	南
龙星	南联	龙星	南联
	万钧		陈国榕
		1♦	Pass
2♠	Dble	4♠	4NT
Pass	5♣	Pass	5♥
All Pass			

东西方叫牌采精准制，西家的 2♠是弱牌阻塞叫。同伴万君在西家阻塞后叫牌颇为不易，最后叫了一声英勇的加倍。笔者感觉有满贯的可能性，乃以黑木特约 4NT 问 A，最后成为主打 5♥的庄家。

西家首攻♦4，笔者以♦Q 吃进，敲将牌，出♥J 到东家的单张 A。东家此时如果回攻方块，让同伴将吃后转攻梅花，穿梭明手的♣K，将可击垮定约两墩。但东家万万想不到庄家竟然有 A-K-Q 的六张好方块，而且同伴的♦4 看起来像是从三张或四张的牌组中攻出；而如果同伴有方块长度，梅花就是单张，甚至缺门了。东家越想越觉得同伴应该是梅花缺门，于是拔♣A，在西家跟♣J

之后，续攻梅花，希望同伴将吃。然而西家并没有将吃，而是明手的♣K吃掉西家的Q。

明手清一圈♥K，东家垫掉一张梅花。从叫牌及防御过程，笔者此时对敌方的牌型及大牌业已全盘掌握，且对如何成约也已经有了万全的计划。接下来，笔者手中♥Q将吃一次梅花，西家垫掉一张黑桃。然后笔者出最后一张将牌，西家跟♥7，桌上♥8飞过，东家垫掉一张黑桃。大家都剩下六张牌时，残局如下：

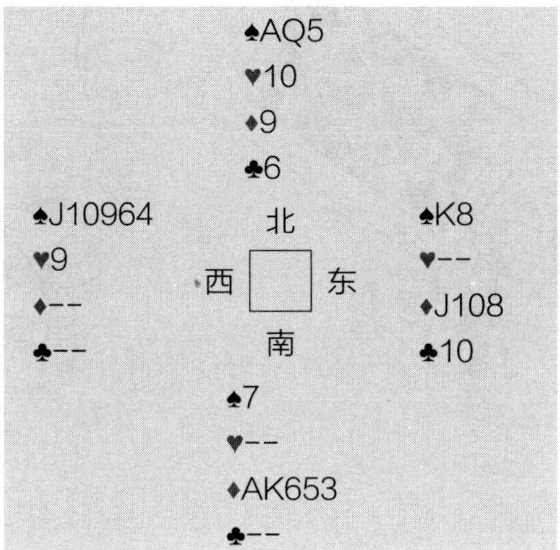

明手清最后一张将牌♥10时，东家受挤，如果垫掉方块，则庄家手中方块全大；如果垫掉黑桃，明手就拔♠A，续出♠Q时，东家又受挤了；如果东家垫掉♣10，则明手续出♣6，再挤东家。东家任何垫牌，都无法阻止庄家赢取剩下的全部牌墩而完成定约。

这是累进式三门花色挤牌（Triple Squeeze）的标准牌例，东家必须兼顾三门花色，庄家的赢墩尚差两墩，却可以从连环挤牌中取得额外的两墩。

队友在另一桌抢到加倍的4♠，是必成的定约，得590分，加上650分，我队双得1240分，15国际序分。

46 吉人天相

1982 年 5 月 23 日晚，南联队及龙星队进行反挑战赛的第五场。下面是一副没有输赢的牌，西家发牌，南北方有局。

♠K103
♥A8
♦Q108
♣KQ965

北
西 东
南

♠AQJ76
♥KJ75
♦A72
♣3

关闭室叫牌过程如下：

西	北	东	南
龙星	南联	龙星	南联
郭哲宏	万钧	黄光辉	陈国榕
Pass	1♣	Pass	1♠
Pass	1NT	Pass	2♥
Pass	3♠	Pass	4♦
Pass	4♥	Pass	4NT
Pass	5♦	Pass	6♠
All Pass			

叫牌系自然制，北家持未开叫 1NT 的高限牌力，第三圈跳叫支持同伴的花色，是正常也必然的叫品，最后笔者乐观地冲上了不理想的黑桃小满贯。

西家首攻♣2。首先，这一副牌从叫牌可以知道，北家持有梅花的长度及强度，西家有从 A 低引的可能；其次，西家小郭曾经在百慕大杯中留下两度低引而击落定约的记录；最后，若首墩确是低引，庄家梅花即可不丢，定约就轻松多了。笔者满怀希望地放上♣ K，却被东家♣ A 吃去，又回攻了一张小梅花。

前途确实十分黯淡，庄家的两门红牌各有两失墩，如果将牌 3−2 分配且梅花 4−3 分配，手上可以将吃两次梅花而打大第五张，加上♣ Q，就解决了方块的问题。至于红心失墩呢？看起来似乎可以交代在明手的将牌上，然而，明手将吃红心，虽然解决了红心失张的问题，但也失去兑吃梅花的桥引，定约并不能成功。

笔者左思右想，绞尽脑汁，终于想到了一条路子。要完成定约，必须东家持有♥ Q，则手上的♥ J 可以取得一墩。但问题尚未完全解决，还必须有♦ K 的防家，同时持长红心，虽然机会极微，却是唯一的机会。

既经谋定，笔者将吃第二圈梅花，清两轮将牌到明手，手中将吃第三圈梅花，打大了明手第五张梅花，然后清第三圈将牌，提掉♦ A，由♥ A 下桥明手。现在明手提取♣ Q，东家跟出♣ 10，笔者手上抛掉方块，西家则垫掉♦ J。在接下来明手续提第五张梅花时，东家及庄家都垫掉方块，西家则陷入长考。至此，笔者知道成功了，此时的残局应是：

西	北	东
	♠--	
	♥8	
	♦Q10	
	♣9	
♠--	北	♠--
♥? ? ?	西 □ 东	♥Q?
♦K		♦? ?
♣--	南	♣--
	♠--	
	♥KJ7	
	♦7	
	♣--	

西家在这一墩受挤，♦K 当然不能垫，只得垫掉小红心。于是桌上拉回红心，手中♥J 飞过，拔掉♥K，手上的第四张红心已然唯我独尊，全手牌只丢一墩♣A，辛苦地完成了满贯定约。全手牌情如下：

西	北/南	东
	♠K103 ♥A8 ♦Q108 ♣KQ965	
♠52 ♥9642 ♦KJ53 ♣J42	北 西 □ 东 南	♠984 ♥Q103 ♦964 ♣A1087
	♠AQJ76 ♥KJ75 ♦A72 ♣3	

公开室叫牌过程如下：

西	北	东	南
南联	龙星	南联	龙星
	方曙		陈光
Pass	1♦	Pass	1♠
Pass	1NT	Pass	2♥
Pass	3♠	Pass	4♦
Pass	4♥	Pass	4NT
Pass	5♥	Pass	6♠
All Pass			

南北方叫牌采用精准制，南家的 4NT 是询问关键张（Key Card Blackwood），5♥表示二关键张而无将牌 Q，最后也叫到不理想的黑桃小满贯。西家也首攻♣2，庄家技巧地跟明手的小梅花。东家判断同伴首攻短门，故跳起♣A，并续出梅花，希望西家将吃。实际上是庄家持单张梅花，遂顺势在♣K–Q 上抛掉两张方块，然后明手将吃两次红心，轻轻松松地完成满贯定约。

事后检验，若是西家首攻红心，东家在♣A 上手时续引红心，即可摧毁终局时挤牌的桥引，定约将无法成功。无论如何，6♠是十分不理想的定约，必须将牌及梅花都好分配，然后要偷到♥Q，而且长红心者同时有♦K，才能打成挤牌，概率不到十一，机会实在是相当的渺茫。这一副牌可以说是吉人天相，加上牌神照应，让笔者在这微乎其微的机会下完成满贯定约。

47 乐极生悲

1982 年 9 月，台北市秋季大赛第二届利伦杯，假国际桥艺中心热闹登场。承好友章立之邀，与柯淑美及张有任陈颖夫妇，组成 CCA 队，共襄盛举。在与赛三十七队中，除甲组队利伦（张氏兄弟、陈传诚、吴锦祥、江斌瑜、蒋彦厚）外，其余三十六队，经过分组多桌四人赛，取十七队，加上利伦队共十八队晋级初赛，未能晋级各队则均进入复活部。

初赛分为三组，每组六队，取四队晋级复赛。复赛阶段，十二队分为四组，以六十四副牌之三角对抗赛淘汰一队。CCA 队在这阶段，不敌干将队（许华益、李荣福、张富生、羊公传、郭家铭）及常在队（蔡中曾、梁台中、陈光、方曙、郑靖钏、徐锦台）之夹击，被打入复活部。

下面是复赛阶段，CCA 队遭遇干将队的一副牌，南家发牌，双方无局：

	♠10854 ♥J107 ♦AQ5 ♣J95	
♠Q97 ♥54 ♦J10964 ♣A104	北 西　　东 南	♠A62 ♥K32 ♦872 ♣K763
	♠KJ3 ♥AQ986 ♦K3 ♣Q82	

叫牌过程如下：

西	北	东	南
CCA队	干将队	CCA队	干将队
陈国榕	许华益	柯淑美	李荣福
			1♥
Pass	2♥	Pass	2NT
Pass	3NT	All Pass	

笔者坐西位，首攻♦J。庄家以明手♦Q吃进首墩，出♥J偷牌，到2、8及5，偷到后再出♥10，到3、9及4，然后兑吃三圈红心。笔者分析，庄家已有五墩红心及三墩方块，如果还有♠A，则定约已有九墩。因而笔者相信同伴持有这张♠A，于是在庄家奔吃红心时，依序垫掉♠7、♣4及♠9。而同时，东家则垫掉两张梅花。从西家的垫牌，庄家判断他是三张带A的黑桃，才会抛掉两张黑桃，于是提掉♦K，然后信心满满地送出小黑桃。然而，西家剩下的单张黑桃是Q，而非A，进手之后，再引第三圈方块，打掉明手最后的挡张。然后下

一圈，东家♠A 上手，由♣A 过桥，笔者再取两墩方块，击落定约两墩。

在另外一桌，队友稳健地停在红心部分定约，完成九墩，我队不败反胜，两桌双得 240 分，赢进 6 国际序分。

事后检验，在♥K 偷牌成功之后，3NT 应是必成之定约，庄家兑取五圈红心后，残局如下：

	♠1085 ♥-- ♦A5 ♣J9	
♠Q ♥-- ♦10964 ♣A10	北 西　　东 南	♠A62 ♥-- ♦87 ♣K7
	♠KJ3 ♥-- ♦K ♣Q82	

庄家过度自信，提掉关键的♦K，为本牌种下败因。按，正确打法是，不提♦K 而保留于手中，送出♠K，若被 A 吃去，则赢吃方块回攻后，再送出♠J，打大明手的♠10，不论防家是否赢取该墩，庄家必可取得九墩而完成定约。或者庄家不送♠K，而送出♠J，结果并无不同，定约亦必成功。

48 长王牌的迷失

1982 年 9 月，秋季大赛利伦杯复赛阶段，CCA 队不敌干将及常在二队之夹击，被挤下到复活部中。复活部每场赛二十四副牌，采淘汰方式，只要输掉一场，就面临出局的命运，故战况激烈而紧张。在复活部中，CCA 队打出水平，先小胜合群队（冯夫人、欧阳红、俞璇、胡小凤、赖惠萍、涂亚平），再以 60 余国际序分淘汰干将队，报了一箭之仇，又以 15 国际序分击败强敌利伦队，并在常在队因战绩不佳而退出比赛后，首告晋级，取得决赛权。

下面是 CCA 队遭遇利伦队的一副牌，第一圈第五副牌，北家发牌，南北方有局：

	♠764 ♥QJ6 ♦96 ♣AK653	
♠AJ105 ♥A954 ♦873 ♣Q4	北 西 东 南	♠Q83 ♥102 ♦QJ5 ♣J10972
	♠K92 ♥K873 ♦AK1042 ♣8	

公开室叫牌过程如下：

西	北	东	南
CCA队	利伦队	CCA队	利伦队
陈颖	江斌瑜	张有任	张英村
	Pass	Pass	1♦
Dble	2♣	Pass	2♦
Pass	Pass	2♠	All Pass

南北方的 2♦是必成的定约，东家虽仅持三张黑桃，但判断同伴应有两门高花牌组，故决定冒险一抢 2♠，成为最后定约。南家首拔大方块，以后北家将吃到一次方块，最后击落定约一墩，利伦队得 50 分。

关闭室叫牌过程如下：

西	北	东	南
利伦队	CCA队	利伦队	CCA队
吴锦祥	柯淑美	陈传诚	陈国榕
	Pass	Pass	1♦
Dble	RDble	3♣	Pass
Pass	Dble	Pass	4♥
All Pass			

在北家加倍 3♣之后，若是南家放过并首攻红心，北家进手，穿梭方块，可击垮定约三墩至四墩，而获得 500 分或 700 分的丰硕战果。即就南家正常地首攻大方块，亦可击落定约两墩，轻轻松松地 300 分落袋为安。然而实战中，笔者误会同伴的加倍是 Responsive double，表示两门高花牌组，乃选择了跳叫红心一局。

西家首攻♣ Q，明手 A 赢进，清将牌，出♥ Q，西家 A 让过这一圈。西家能够逼叫加倍，必然持有两张高花 A，此时若寄望东家有♠ A 而自己处理黑桃，显然是缘木求鱼而不切实际。笔者盘算，若是两门红牌都好分配，明手的大梅花可以解决手上一张黑桃，则全手只丢两墩黑桃及将牌 A，定约即可成功。于是接下来，笔者改弦易辙，提掉♦ A-K，以明手♥ 6 将吃第三圈方块，打大了手中的方块，然后明手拔掉♣ K，垫掉手上的黑桃失张，形成了如下的残局：

	♠764 ♥J ♦-- ♣653	
♠AJ105 ♥A95 ♦-- ♣--	北 西 东 南	♠Q83 ♥10 ♦-- ♣J109
	♠K9 ♥K87 ♦104 ♣--	

明手清第二圈将牌，出♥J。由于西家全手已无低花，如果赢进这一圈，回攻任一高花，都将损失一墩，故而西家再度让过，而跟了♥5。然而，即使西家拒绝进手，也无法改变结果。现在明手引梅花，手中以♥8将吃，无论西家超将吃与否，都无法阻止笔者由♠K进手，来兑取两墩好方块。定约回家了，CCA队得620分，扣掉公开室所失的50分，仍净赢10国际序分。

持有四张将牌的防家，在庄家清将牌时，该不该在第一时间就赢进呢？西家必须在首圈将牌明手出♥Q时，以A吃进，然后以梅花出手，才能避免终局时被投入的尴尬窘境。

若是西家如此防守，除非庄家有天眼通的神功，能透视敌方的牌，双偷东家的♦Q-J，终局时再以第四张将牌投入西家以赢取♠K，否则定约不能成功。

49 蛛丝马迹

1982年9月的台北市秋季大赛利伦杯，复活部中，每场赛三圈二十四副牌。CCA队遭遇强敌利伦队，赛完二十三副牌时，CCA队领先4国际序分，只要在最后一牌稳住，即有机会晋级决赛。

下面就是最后一副牌，第二十四副牌，南家发牌，东西方有局：

♠K104
♥AK983
♦8
♣Q876

北
西　　东
南

♠A76
♥QJ104
♦AK
♣K1054

叫牌过程如下：

西	北	东	南
利伦队	CCA队	利伦队	CCA队
	柯淑美		陈国榕
			1NT
Pass	2♦	Pass	2♥
Pass	3♣	Pass	3♦
Pass	3♠	Pass	4NT
Pass	5♦	Pass	6♥
All Pass			

1NT 示 15 点至 17 点之平均牌，2♦转换红心，3♣示第二门牌组。南家高限开叫，且两门牌组都配合，故示叫 3♦，并在北家示叫 3♠，表示高限牌力、黑桃控制及满贯兴趣后，经过黑木特约，主动叫上红心满贯。

西家首攻♦J。明手摊牌，笔者稍许失望，若是 A 长在梅花，而非红心，处理起来就容易多了。又或是明手多一点牌，再有一张♣J，即称得上天作之合，全手将只失一墩♣A，成约一无问题。而现在少了这张♣J，庄家的问题，就在于如何避免丢掉两墩梅花。

首墩牌，东家跟♦2，笔者A赢进，拔♥Q-K，肃清敌方将牌。接着明手提掉♠K，再出♠10，东家盖Q，手中A取，拔掉♦K，垫掉桌上的黑桃，然后明手将吃一次黑桃，东西两家在三圈黑桃都跟出。

决战梅花的时刻到了！正常情况下，机会较大的打法，是从手中出小梅花到Q，若是赢到，再偷东家的J；若是东家A吃去，再考虑偷东家的J，或是击落西家的双张J。然而笔者逆向操作，由明手拉回♣6，东家跟3，笔者手中出K，赢到这一墩，西家跟2。下一圈笔者出♣4，而当西家的9亮在桌上时，明手小牌让过，东家果然以仅剩的单张A赢去。笔者运气不错，打对了梅花，全手只丢一墩♣A，完成十二墩，CCA队得980分。四家牌如下：

西	北	东
	♠K104 ♥AK983 ♦8 ♣Q876	
♠952 ♥52 ♦J10963 ♣J92	北 西 东 南	♠QJ83 ♥76 ♦Q7542 ♣A3
	♠A76 ♥QJ104 ♦AK ♣K1054	

一旁观战的桥友，均目现疑惑，面带不解，何以打定东家梅花是双张带A呢？

笔者在思考如何处理梅花时，首先想到东家在首圈跟♦2，应是表示奇数张，敌方的方块像是5-5分配。其次东家第二圈黑桃跟♠Q，三圈黑桃后♠J并未出现，则东家应有四张黑桃而♠J仍在其手中。根据这些蛛丝马迹，笔者判断东家全手牌极可能是4-2-5-2的分配。既然东家只有两张梅花，机会较大的打法，自然是由明手向手上打，只要他有一张大牌，这门花色就不可能会丢两墩。如此处理梅花，还有另一层更深的考虑。若东家的牌型是4-2-6-1，而梅花是单张A或J，只有从明手引梅花，才是唯一对症下药的打法。

在另一桌，利伦队南北家的最后定约停在4♠，超打一墩，得450分。若是笔者也停在4♠，即可打平这一副牌，而以4国际序分获胜晋级。但在叫上满贯之后，这一副牌反倒成为关键，只许成功，而不能失败。若以正常手法处理梅花，定约将宕一墩，则利伦队将以7国际序分的差距赢得这场比赛。而现在，笔者幸运地打对梅花，完成满贯定约，CCA队遂以15国际序分的差距淘汰了利伦队。

50 断桥残血

1982 年 9 月的台北市秋季大赛利伦杯，复活部中，CCA 队淘汰了强敌利伦队，下一场因对手常在队弃权，因而兵不血刃地抢得决赛权。至于胜部的准决赛，入围的八队，经过单淘汰及双败淘汰两阶段的激烈竞争，幸存的是自强及六友二队，双双取得了决赛权。复活部中，另一支晋级的队伍是龙卡通队，但在与自准决赛下来的万全队对决时失手，由万全队取得最后一个决赛权。

接下来的决赛，首先是一场三十二副牌决定输赢的单淘汰，两支胜队再以六十四副牌角逐冠亚军，而败队则只能争取季殿军。在这个阶段，由复活部力争上游的二队均告获胜，万全队击败自强队，而 CCA 队则击败六友队。

冠亚军之争，8 圈 64 副牌，在 9 月 28 日及 30 日两晚进行。CCA 队从开始就一路领先，除第三圈以 1 国际序分小负及第四圈平手外，掌握了绝对的优势，最后以 76 国际序分的差距击败万全队，比数是 206∶130。另一场决赛，自强队击败六友队夺得季军。这一届秋季大赛的最后成绩如下：

冠军 CCA 队：章立、陈颖、张有任、柯淑美、陈国榕

亚军万全队：郑焜仁、王庆禾、林朝雄、胡希真、曹修健、徐裕人

季军自强队：严定明、吴明瑄、朱震、陆师抗、汤正煌、连衡

殿军六友队：林希涛、何震华、邝定国、刘学贤、陈仲铎、杜秀中

下面是冠亚军决赛中一副有趣的牌，南家发牌，南北方有局。

公开室中，西家持：♠Q73 ♥KJ876 ♦Q108 ♣J6，叫牌过程如下：

西	北	东	南
万全队	CCA队	万全队	CCA队
徐裕人	陈颖	曹修建	张有任
			2♣
2♥	Dble	Pass	4NT
Pass	5♦	Dble	6♣
All Pass			

同伴在 5♦之后，以加指示攻牌，西家理所当然地首攻♦ 8，不对吗？然而，无巧不成书，四家牌如下：

	北	
	♠J654 ♥Q932 ♦A9654 ♣--	
西 ♠Q73 ♥KJ876 ♦Q108 ♣J6		东 ♠A1082 ♥104 ♦KJ732 ♣73
	南 ♠K9 ♥A5 ♦-- ♣AKQ1098542	

东家的指示攻牌帮了庄家大忙，西家首攻♦ 8。明手毫不迟疑，即刻以♦ A 抛掉手上的小红心，拉回小黑桃到手中 K，完成十二墩，CCA 队得 1370 分。

关闭室内，叫牌过程如下：

西	北	东	南
CCA队	万全队	CCA队	万全队
陈国榕	王庆禾	柯淑美	郑焜仁
			2♣
Pass	2♦	Pass	5♣
Pass	6♣	All Pass	

东家并无机会指示攻牌，也因此避免了西家作出错误的首攻。笔者知道庄家持有一长串的好梅花，生怕首攻上三门会吃亏，遂消极地首攻小梅花。

结果，明手空有♦ A，遗憾的却是断桥难渡，可怜的庄家老郑，只剩下唯一的选择，那就是清掉所有的将牌，希望防家会在垫牌上犯错。然而，在梅花倾巢而出的同时，笔者及同伴都已轧出苗头，抛掉所有的 8 张方块。结局是宕两墩，有局，CCA 队再得 200 分。两桌合计，CCA 队双得 1570 分及 17 国际序分。

51 再接再厉

CCA 队角逐 1982 年 9 月的台北市秋季大赛，大部分时间均由两混合队上场力战。能够在列强环伺之下脱颖而出，力夺第二届利伦杯冠军，女将表现优异，是最主要的原因。

下面是 CCA 队及万全队决赛第七圈的一副牌，陈颖演出精彩，完成有局的一局，为 CCA 队赢进 10 国际序分。这一副牌，东家发牌，双方有局：

	北	
	♠A8 ♥J97 ♦A10 ♣K65432	
西 ♠10765 ♥Q62 ♦QJ6 ♣A87		东 ♠KJ93 ♥10843 ♦K93 ♣J9
	南 ♠Q42 ♥AK5 ♦87542 ♣Q10	

公开室叫牌过程如下：

西	北	东	南
CCA队	万全队	CCA队	万全队
柯淑美	曹修健	陈国榕	徐裕人
		Pass	Pass
Pass	1♣	Pass	2NT
All Pass			

西家首攻♠7，东家K赢进，回攻♠3，打掉明手第一座桥引。庄家由明手拉回小梅花，到9及Q，西家♣A吃住，正确地转攻♦Q，试图驱除明手的第二座桥引。明手让过这一圈，下一圈才以♦A赢进。此时明手已经无桥，庄家只得放弃梅花，改由♥A回手送出方块。由于防家的方块3-3分配，庄家赢到两墩黑桃、两墩红心、三墩方块及一墩梅花，正好八墩，万全队得120分。这一副牌，北家低限开叫，最后停在2NT而正好成约，看来叫打都很正宗，是一个有利的结果。

关闭室叫牌过程如下：

西	北	东	南
万全队	CCA队	万全队	CCA队
王庆禾	张有任	郑焜仁	陈颖
		Pass	Pass
Pass	1♣	Pass	1♦
Pass	2♣	Pass	2NT
Pass	3♣	Pass	3NT
All Pass			

西家首攻♦Q，明手A赢进，东家跟9，一方面表示欢迎，另一方面若是西家攻自四张牌组，例如QJ7x，东家也必须先抛掉9来疏通桥路。第二墩，明手拉回小梅花，东家跟9，庄家以10盖过，西家A吃进。眼见明手的梅花就要打大，西家也马上转攻黑桃，明手小牌让过，东家♠K赢进。

如果东家续回黑桃，打掉桌上仅有的桥引，定约将不可能成功。但从西家显然有四张黑桃而却首攻方块看来，东家误以为西家有四张方块，于是拔掉♦K，再攻♦3，到西家J，明手抛掉一张梅花。西家知道南北两手的梅花已经塞死，因而再攻黑桃，铲除了桌上提吃梅花的桥引。是时残局如下：

	♠-- ♥J97 ♦-- ♣K654	
♠107 ♥Q62 ♦-- ♣87	北 西 　 东 南	♠J9 ♥10843 ♦-- ♣J
	♠Q ♥AK5 ♦85 ♣Q	

庄家改走红心，希望能在两圈之内击落♥Q，则定约亦能成功。于是庄家提掉♥A-K，但事与愿违，红娘吝于现身。庄家虽一再受挫，但并不死心，暗中祈祷，希望是西家持♥Q，且同时拿了较长的梅花。果然，祈祷得到响应，当庄家接下来兑取已经打大的两墩方块及♠Q时，西家在♥Q及梅花受挤，让庄家如愿地赢足九墩。

陈颖精彩的主打，得到600分，扣除公开室的120分，仍为CCA队赢进10国际序分。

52 履险如夷

1983 年 7 月，台北市桥艺协会主办的第六届南山杯，由于是夏季大赛，吸引了高达四十支桥队参加。其中，拥有黄光辉－张有任、郭哲宏－徐嘉华、陈传诚－吴锦祥的龙星队，以及以马道仁－陈炳昌、曹炎炎－林志谋、万钧－陈国榕为主的南联队，是夺标呼声最高的两支超级强队。

初赛分为四组，每组十队，打五场序位赛，取前四名晋级复赛。南联队在初赛中一路过关斩将，连续五场获胜，但在首场时，遭遇到年轻好手荣工队的坚强抵抗，给了南联队不小的威胁。下面是该场比赛的一副牌，北家发牌，双方有局：

♠Q10
♥Q854
♦AQ93
♣Q83

北
西　　东
南

♠642
♥K10732
♦K7
♣A106

西	北	东	南
荣工	南联	荣工	南联
	万钧		陈国榕
	1♦	Pass	1♥
Pass	2♥	Pass	2♠
Pass	3♥	Pass	4♥
All Pass			

南家的叫牌绝不足取，主要的原因是感觉战况不利，希望这一副牌可以扳回失分，因而在同伴一再示弱后，依然冲到相当差的4♥一局。

西家首攻♥9，替庄家找到♥J，解决了将牌的问题。面对4♥定约，笔者思考，除了黑桃及将牌必失三城外，梅花有两墩失张，其中一张可以交代在明手的大方块上，但另一梅花失墩又如何解决呢？

首圈牌，东家放过，笔者赢进，续抽将牌，迫出东家的♥A，西家垫掉小梅花。东家转攻黑桃到西家A，西家续引黑桃到东家K，然后东家改出将牌，送回庄家手中，西家垫掉小黑桃。防家的防御真好，滴水不漏，绝不攻击梅花而让庄家占到便宜。

笔者盘算，东西家提吃黑桃之前，如果♣ K 在西家，东家转攻梅花即已击垮定约；如果东家持有♣ K-J，西家当然也会穿梭桌上的♣ Q。如果东西家的梅花大牌确实如此，防家应该可以轻易找到击落定约的防御。防家既然都不转攻梅花，唯一的解释，就是东家有♣ K，而西家有♣ J。

此时，定约在明手将吃一次黑桃之后已有九墩；如果♦ J-10 在三圈中掉出，则明手的♦ 9 将成为完成定约的第十墩；否则，舍挤牌外别无他途。由于笔者已断定♣ K 在东家，因而明手的♣ Q 不可能成为威胁张，因为它在 K 前面，先东家而垫牌，无法威胁到东家。也因此，若要挤牌成功，就要另加算计了。亦即，必须让手上的♣ 10 成为威胁张，寄望持有♣ J 的敌方，同时持有长方块。

于是笔者由明手将吃第三圈黑桃，拉回♣ Q，东家盖上 K，手中 A 吃住，再清一轮将牌，西、北二家都垫掉梅花，东家则抛掉黑桃。笔者相信西家有♣ J，则此时残局应如下：

西	北	东
	♠--	
	♥--	
	♦AQ93	
	♣8	
♠--		♠--
♥--		♥--
♦J（10）???		♦10（J）??
♣J	南	♣??
	♠--	
	♥7	
	♦K7	
	♣106	

接下来，笔者手上续出♥7，西家♣J及方块受挤，定约回家了，全手只丢一墩将牌及两墩黑桃。四家牌情如下：

	♠Q10 ♥Q854 ♦AQ93 ♣Q83	
♠AJ75 ♥9 ♦J864 ♣J954	北 西　　东 南	♠K983 ♥AJ6 ♦1052 ♣K72
	♠642 ♥K10732 ♦K7 ♣A106	

在另外一桌，荣工队停在3♥，正好成约。南联队在这一副牌净胜480分，10国际序分。

53 洞烛机先

1983 年 7 月，由南山人寿保险公司赞助的第六届南山杯，由于是台北市桥协的夏季大赛，吸引了四十队的各方豪杰参与角逐。其中，龙星队是当年亚太杯代表队，全师而来，夺标意图明显。果然，采取双败淘汰的八强决赛阶段，龙星队以三连胜的佳绩成为胜部冠军。笔者所属的南联队，于决赛首场落败之后，在败部中力争上游，击败群雄，取得挑战权。最后的二强对决中，南联队发挥了“二枚腰”精神，二度击败龙星队，勇夺冠军。南山杯的最后结果如下：

冠军南联：马道仁、陈炳昌、曹炎炎、林志谋、万钧、陈国榕

亚军龙星：黄光辉、张有任、郭哲宏、徐嘉华、陈传诚、吴锦祥

季军时光：汤正煌、朱震、王家敏、曹伟伟、华金和、匡宝珊

殿军龙卡通：蔡志忠、陈永和、邓志光、林隆辉、何显爵、刘明聪

复赛第一场时，南联队遭遇龙卡通队，以 26 国际序分之差败北，折合胜分为 13 : 3。南联阵营中，陈炳昌是一位天才型的桥手，牌风冷静而不急躁，思路清晰，主打细腻。下面一副牌，以精彩打法完成满贯，赢得 13 国际序分。这一副牌北家发牌，双方有局：

	♠A65 ♥108 ♦AKQ5 ♣9762	
♠QJ93 ♥97 ♦J1073 ♣853	北 西 □ 东 南	♠7 ♥KJ5432 ♦986 ♣QJ4
	♠K10842 ♥AQ6 ♦42 ♣AK10	

叫牌过程如下：

西	北	东	南
龙卡通	南联 马道仁	龙卡通	南联 陈炳昌
	1♦	2♥	2♠
Pass	3♠	Pass	4NT
Pass	5♥	Pass	6♠
All Pass			

西家首攻♥ 9，到明手 10 及东家 J，庄家♥ Q 赢进。一般情况下，如果将牌及红心都好分配，庄家只要抽两轮将牌，明手的第三张将牌将吃红心，大方块垫掉手中梅花失张，成约全无问题。然而，东家跳叫 2♥，让陈君提高了警觉，认为将牌极可能是 4–1 的坏分配。如果敌方的将牌确是 4–1 分配，定约还有机会吗?

庄家盘算，若是东家的高花果真是 1–6，只要他有三张或四张方块，则定约依旧固若金汤。于是陈君采取了不寻常打法，并不立即清将牌，提掉手上的♣ A–K，明手提吃三圈大方块，手中抛掉♣ 10，然后将吃第三圈梅花回到手上，形成下示残局：

西	北	东
	♠A65 ♥8 ♦5 ♣9	
♠QJ93 ♥7 ♦J ♣--	北 西　东 南	♠7 ♥K5432 ♦-- ♣--
	♠K1084 ♥A6 ♦-- ♣--	

陈君接下来提掉♥ A，出第三圈红心，西家♠ 9 将吃，明手♠ A 超将吃，拉回第四圈方块，东家跳出♠ 7 意图升将，庄家♠ 8 正好盖过。现在陈君送出♠ 4，西家♠ J 吃进，只能引回将牌，让庄家手上的 K–10 取得最后两墩而完成满贯定约。

在另外一桌，龙卡通队停在 3NT，完成十一墩，南联队这一副牌净赢 770

分及13国际序分。

事后检验，当庄家出第三圈红心时，如果西家算清楚庄家的牌张，不以♠9将吃而抛掉方块，定约将不可能作成。陈君在这一副牌，主打犀利，过程精彩，然而最后还是靠了敌方的失误，才侥幸完成定约。事实上，陈君的出牌次序忽略了一个细节，红心小牌的号码是本牌成约的关键。西家首攻♥9后，剩下的一张红心是♥7，明手是♥8，手上有♥6。陈君提掉♣A-K，方块下桥，续提方块赢墩之前，应先出♥8，迫东家盖上♥K。当陈君♥A赢进这一墩的同时，西家的♥7也应声而落，就打大了手中的♥6。于是，在上述残局中，庄家手中出的♥6乃是赢墩，西家被迫必须将吃，定约必然成功。

或许西家剩下一张红心正好是7的机会很小，其实不然，这样的出牌次序，增加的机会是20%。更何况，为数不少的牌，都是依靠了微乎其微的机会才完成定约的。

54 各有千秋

1985年1月2日，第二十六届主席杯桥艺联赛于省立台中图书馆隆重闭幕。由张氏兄弟领军的台北市A队在冠亚军决赛中击败强敌台北市C队，登上王座，台北市C队屈居亚军。而在另一场决赛中，台北县队击败台南市队夺得季军，台南市队殿军。

1月2日下午，三圈24副牌的冠亚军决战如火如荼地进行中。双方战况胶着，赛完23副牌时，台北市C队以不到10国际序分领先台北市A队。如果最后一副牌是一副小牌，或是平牌，台北市C队即可保持战果，夺得冠军。下面就是决定本届冠军谁属的第二十四副牌，西家发牌，双方无局：

	♠AK95 ♥AQ ♦8742 ♣Q92	
♠Q62 ♥75 ♦J1095 ♣J843	北 西　　东 南	♠J87 ♥10632 ♦Q63 ♣K75
	♠1043 ♥KJ984 ♦AK ♣A106	

两桌南北方不约而同，最后都叫成由南家主打的红心小满贯定约，西家均首攻♦J，两桌东家都跟♦3。

第一桌的庄家是台北市C队的沈君山博士，以手中♦A赢取首墩，立即出♠3，西家跟♠2，桌上♠9飞过。黑桃双偷失利，东家的♠J赢了这一墩，庄家最后以第四张黑桃垫掉一张梅花，再输一墩梅花，定约宕一墩，台北市A队得50分。

第二桌的庄家是台北市A队的老四张英村，以手中♦A吃进首墩，心中盘算，双偷黑桃成功的概率显然不高。如果敌方的将牌是3–3分配，则清三圈将牌后，将吃明手两张方块，剥光敌方的两门红牌；若是敌方的黑桃是3–3分配，则提掉A–K后，送出第三圈黑桃投入敌手，迫引梅花，即有机会解决梅花失墩。

于是张老四拔掉桌上的♥A–Q，由♦K回到手中，续清第三圈将牌♥K，西家垫掉一张小梅花。将牌虽非3–3分配，但庄家并不绝望，明手抛掉一张方块，希望西家在下一圈也垫方块。接下来庄家清第四圈将牌♥J，满怀期待地看着西家垫牌，果然他垫掉一张方块，于是由大黑桃下桥，手中最后一张将牌将吃桌上的方块，剥光了这门花色。现在大家都剩下五张牌了，残局如下：

西	北 / 南	东
	♠K95 ♥-- ♦-- ♣Q9	
♠Q6 ♥-- ♦-- ♣J84	北 西 东 南	♠J8 ♥-- ♦-- ♣K75
	♠104 ♥-- ♦-- ♣A106	

明手提掉♠K，送出第三圈黑桃，西家♠Q吃进，引出♣4。决战梅花的时刻到了，桌上该跟♣Q呢？还是♣9呢？张老四看了看左右两位敌方，两位都是亚太杯冠军，身经大风大浪的高手。若是西家持有♣K，他应该会在♠K时抛掉♠Q，避免进手引牌。思考及此，张老四遂在明手跟♣9，果然迫出东家的♣K。庄家♣A赢进这一墩，明手的♣Q及♠9都大了，红心小满贯如约完成，为台北市A队赢进宝贵的14国际序分以及本届主席杯的王座。

在另一场季殿军决赛中，台北县队也叫到由南家主打的6♥定约。庄家是笔者好友、昔年搭档、已故的万钧。在这一副牌，他有不同的看法。在梅花双偷成功的情况下，持有长方块的防家，如果同时也拿了♠Q-J或者长黑桃，即可以将挤完成定约。下面是最后四张牌时的残局：

♠AK
♥--
♦87
♣--

北

西 □ 东

南

♠1043
♥9
♦--
♣--

不论是西家或是东家，他能同时保留三张黑桃及两张方块吗?

万钧♦A赢进首墩，由大将牌到明手，拉回♣2，东家跟5，手上跟6，西家的♣8赢了这一墩，转攻♠2，明手以♠A赢进。

西家的转攻，打掉桌上一座桥引，破坏了终局时的将挤形势。万钧无奈，只能冀望是西家持有方块及黑桃的护卫，则挤牌依旧可以奏效。于是庄家提掉♦K，再由大将牌下桥，手中将吃第三圈方块，清将牌，希望在最后一圈将牌时挤到西家。然而事与愿违，东西家的黑桃是3-3分配，又分别持有一张大牌，挤牌不成功，定约以宕一墩收场。

55　二枚腰

“二枚腰”源自日本的相扑，意思是拥有两个腰，很难被对手扳倒。引申为拥有坚强的韧性，临危不乱，奋战到底，因而取得最后胜利的人。

1987 年新年伊始，台北市桥协主办的冬季大赛第十届台聚杯，于 1 月间假国际桥艺中心举行。参与角逐的十七队中，甫赢得举行于马来西亚槟城第二十九届亚太杯公开组队制赛冠军的聚友队，此次全师而来，夺标意图明显，是呼声最高的一队。另外，由高手组成的聚龙队，阵容完整；由张氏兄弟领军的泛亚队，麾下均属好手，也都是不容忽视的队伍。此外，新近成军的计算机队，曾连续夺得 9 月的工技杯、10 月的市长杯、11 月的南山杯及 12 月的中心纪念杯，包办了所有由台北市桥协主办的杯赛，能否五度蝉联冠军，保持不败纪录呢？

经过初赛及复赛，由积分最高的聚友、聚龙、计算机及泛亚四队晋级决赛。

1 月 25 日上午，聚友队及计算机队分别击败对手泛亚队及聚龙队，然后以四圈 32 副牌对决，来决定冠军归属。

这一场决赛，聚友队以 14∶1、27∶2 及 15∶14 领先前三圈，合计是 56∶17，计算机落后 39 国际序分。第四圈开始时，沈大师面带微笑，告诉笔者："黄大高手云，我队领先 39 分，这一圈只要每牌不失 5 分，大好江山即可保住。"大师年高德劭，笔者闻言，只能俯首称是。的确，聚友队是当届亚太杯冠军，诸将经验丰富，深知持盈保泰的道理，想要一圈赢回 40 分，几乎是不可能的任务。

第一副牌，两队均完成无将一局，计算机队以一超墩赢 1 国际序分，比数为 1∶0。（以下比数均为第四圈之比数）

第二副牌，东家发牌，双方有局，笔者是东家，拿到的牌是：

♠ J5 ♥ A6 ♦ AKQ86 ♣ 9863

在大幅落后的情况下，笔者作了一个不寻常的决定，开叫表示 16–18 点及平均牌型的 1NT。接下来的叫牌过程是这样的：

西	北	东	南
计算机	聚友	计算机	聚友
吴家兴	沈君山	陈国榕	郭哲宏
		1NT	Pass
Pass	2♠	Pass	3♠
All Pass			

在南家加叫 3♠邀请成局时，北家长考再三，亟思加成一局，终因忌惮左手家的强无将牌力，无奈地选择了持盈保泰的 Pass。笔者首拔♦ A，四家牌如下：

	北	
	♠AQ963 ♥J74 ♦-- ♣AQ953	
西 ♠82 ♥10932 ♦J1093 ♣J62		东 ♠J5 ♥A6 ♦AKQ86 ♣10874
	南 ♠K1074 ♥KQ85 ♦7542 ♣K	

沈大师将吃笔者的方块首攻，全手只失一墩♥ A，轻易完成十二墩，聚友队得 230 分。

公开室叫牌过程如下：

西	北	东	南
聚友	计算机	聚友	计算机
戴明芳	施瑞佑	黄光辉	颜永南
		1♦	Pass
Pass	1♠	Pass	3♦
Pass	4♦	Pass	4♥
Pass	4♠	Pass	4NT
Pass	6♣	Pass	6♠
All Pass			

3 ♦示将牌配合邀请成局，4 ♦示方块短门，4NT 是黑木氏，6 ♣表示持 2A 及一门花色缺门。南北二手大牌虽仅 24 点，由于方块缺门，红心小满贯是必

成的定约，计算机队得 1430 分，赢到成局及满贯的奖分 1200 分，15 国际序分，比数为 16∶0。

《国际桥艺中心桥友通讯》第 105 期有《痛失荆州》一文，对这手牌的评述如下："在两个一流队伍对抗中，一桌叫至满贯，一桌仅止于部分定约，是极少见之牌局。关闭室中，东家开叫点力不足的一无将，是冀图关死敌方高花牌组的高明叫法。在东家隐藏起方块牌组而开叫强无将后，南北方几乎已不可能叫到稳成的黑桃满贯，但在有局情形下，连一局都未叫到，显然在牌力的衡量上，有极大的偏差。"

接下来，第三副牌，计算机队在两桌都完成部分定约，6 国际序分。第四副牌，两桌都完成红心一局，聚友队以超墩赢回 1 国际序分。第五副牌，计算机队在公开室叫至无将一局，靠敌方防御失误而成约；聚友队在关闭室停在 4♦，因分配不佳而宕一墩，计算机队再得 12 国际序分。至此，比数为 34∶1，计算机队已扳回 33 国际序分，仅落后 6 国际序分矣。

最后的三副牌，从公开室的结果看来，聚友队是不太可能输牌的。第六副牌，聚友队东西家在竞叫下叫到被处罚的方块一局，且把握了敌方防守失误而完成定约。第七副牌，南北家持 24 点牌力，却无可以做成的成局定约，计算机队叫至无将一局而宕一墩。第八副牌，计算机队叫至 4–3 配合的黑桃一局，宕两墩。此时公开室的赛程已告结束，黄 – 戴一对笃定地等待着关闭室的结果出炉。

然而关闭室中，这三副牌的结果，与黄 – 戴的想象大相径庭。首先在第六副牌，计算机队东西家也叫到方块一局，同伴吴君并在敌方加倍后，回敬以再加倍，且以正确的出牌顺序完成定约，又赢回 5 国际序分。接下来的第七副牌，聚友队也无法避免叫至无将一局，且因叫牌过程中，笔者曾轻超叫指示首攻方块，吴君对敌方的最后定约加以处罚，击垮有局的定约两墩，再赢进 9 国际序分。最后的第八副牌，聚友队也叫到无将一局，也垮两墩而平掉最后一副牌。

第四圈的比数是 48∶1，计算机队在这一圈大胜聚友队 47 国际序分。全场的比数是 65 : 57，计算机队后来居上，戏剧性地以 8 国际序分的差距击败聚友队，赢了这一届冬季大赛台聚杯的锦标。

最后，借用“痛失荆州”的话作为本文的结束：“计算机队的陈、吴、施、颜四将，在队长张院长亲临督战下，果然创造了奇迹，以 48 : 1 的成绩赢得最后八副牌，并戏剧性地反胜聚友队 8 序分，自目瞪口呆的聚友队员手中，硬夺下第十届台聚杯的王座，也创造了在北市桥坛五连胜的佳绩。”

这一届冬季大赛台聚杯，最后的优胜名次如下：

冠军计算机：沈治国、林宏时、颜永南、施瑞佑、吴家兴、陈国榕

亚军聚友：黄光辉、戴明芳、沈君山、郭哲宏、陈传诚、吴锦祥

季军聚龙：张植鉴、章丽啰、曹炎炎、林志谋、钟仁谦、徐嘉华

殿军泛亚：张溪圳、张英村、涂永洲、陈公亮、林添良、廖洪为

56 普腾杯后记之一

1990 年 4 月，台北剑潭“海外青年活动中心”举办了普腾杯埠际赛，并邀请美国、伦敦、耶路撒冷以及日本、中国香港等国家和地区的选手共襄盛举。应邀来台的十六支外队中，最受瞩目的当非美国队莫属，其中 Jeff Meckstroth 及 Eric Rodwell 是当时桥坛公认的世界第一对，而 Mike Lawrence 及 Hugh Ross 两人都是曾经赢过三届百慕大杯的世界冠军，另外二位则是 Ron Anderson 及 Sabine Auken，前者是美国知名的职业桥手，后者是德国女子队台柱，1995 年威尼斯杯金牌得主。

与赛的 48 支桥队，经过两天的分组循环及淘汰赛，取四队进行准决赛。准决赛阶段，美国队击败耶路撒冷队，东亚蓝队击败聚龙队，双双晋级 48 副牌的决赛。东亚蓝队由欧圣钟君领军，麾下有张英村、吴家兴、邱东蔚、钟仁谦、刘昌垲及笔者等人。我队在此次普腾杯赛中表现极佳，自初赛以来，始终未尝败绩，击败了包括美国队在内的所有对手。但在决赛中，却输了唯一的一场比赛，让美国队抱走普腾金杯，令人扼腕。

英国知名的女桥手、伦敦队的 Sally Horton，有一篇报道决赛过程的专文，刊载于《国际流行桥艺》杂志。《中国桥艺》有译文，以“1990 普腾埠际赛”为名，刊载于第 358 期。

下面一副牌，是四十八副牌决赛中的第四十四副牌，该文报道的叫牌过程与实战略有出入，兹更正于下。这一牌东家发牌，南北方有局，东亚蓝队与美国队都叫到相同的一局，美国队主打时并未找到最佳打法，遗憾的是东亚蓝队在防守中也没有把握机会，该赢而未赢，相当可惜。

♠AK42
♥--
♦Q93
♣K108764

北
西 东
南

♠J8
♥AJ109842
♦A10
♣92

关闭室叫牌过程如下：

西	北	东	南
美国队	东亚蓝	美国队	东亚蓝
	张英村		陈国榕
		Pass	1♥
1NT	Dble	Pass	2♥
Pass	3♣	Pass	3♥
Pass	4♥	All Pass	

持北家牌在第三圈叫牌时，一般多会选择 3NT，但张老四考虑到南家应该是牌力不足的轻开叫，方块挡张可能不够，由强牌的西家首攻比较有利，因此虽然红心缺门，仍然选择 4♥为最后定约。老四的选择是正确的，在首攻方块下，西家只要让过首圈，3NT 不可能完成定约。

西家首攻♠10，笔者赢吃♠A–K，由小将牌将吃第三圈黑桃回到手中。从西家的叫牌及首攻得知，东家有♠Q，而西家应持有所有关键的大牌。除非西家的红心是 K–Q 双张，否则庄家必输两墩将牌及♣A，要完成定约，方块就不能再有失墩了。

第四圈牌，笔者出梅花，西家立即♣A 取，续出♣Q 到明手 K。接下来，笔者手中以♥J 将吃第三轮梅花，被西家♥Q 超将吃。进行至此，笔者已知西家是三张黑桃及两张梅花，则不论他的红牌是 3–5 分配，还是 4–4 分配，定约都必可完成。此时形势如下：

西	北 / 南	东
	♠4 ♥-- ♦Q93 ♣1087	
♠-- ♥Kx（x） ♦Kxxx（x） ♣--	北 西 □ 东 南	（略）
	♠-- ♥A10984 ♦A10 ♣--	

如果西家的红牌是 3–5 分配，超将吃后，已经陷入“剥光投入”的窘境，找不到安全的引牌，而被迫放弃一张红牌赢墩，让庄家轻松地作成 4♥定约。

如果西家的红牌是 4-4 分配，定约亦为必成。此时西家固然可以小将牌安全地出手，但庄家接着提掉♥A，再送出将牌，西家♥K 进手，也将同样地陷入“剥光投入”的窘境。

事后检验，4♥乃是必成的定约。双方的攻防中，笔者在前五圈已剥光西家两门黑牌，完全没有给美国队任何击落定约的机会。四家牌情如下：

	♠AK42 ♥-- ♦Q93 ♣K108764	
♠1097 ♥KQ7 ♦K8754 ♣AQ	北 西 □ 东 南	♠Q653 ♥653 ♦J62 ♣J53
	♠J8 ♥AJ109842 ♦A10 ♣92	

公开室叫牌过程如下：

西	北	东	南
东亚蓝	美国队 Rodwell	东亚蓝	美国队 Meckstroth
		Pass	1♥
2♦	Dble	Pass	2♥
Pass	3♣	Pass	3♥
Pass	3NT	Pass	4♥
All Pass			

西家也首攻♠10，庄家赢吃♠A–K后，也同样由小将牌将吃黑桃回到手上。但接下来第四圈牌，Meckstroth送出♥9，西家♥Q赢进。西家只有两张梅花，此时只要提掉♣A，以♣Q投到明手，待庄家将吃黑牌回手时，即可♥K超将吃，再以第三张将牌出手，然后等吃♦K，即可击落定约。可惜西家计未及此，贸然于此时转攻方块，庄家放上明手的♦Q，赢了这一墩，4♥定约也就起死回生了。

取材自《1990普腾埠际赛》，原载《中国桥艺》第358期，1990年10月号。

57 普腾杯后记之二

1990年的普腾杯埠际赛于4月5日开幕，鏖战五天，于4月9日胜利晚宴的欢乐声中谢幕。队制赛成绩揭晓，结果如下：

冠军美国队：Jeff Meckstroth，Eric Rodwell，Mike Lawrence，Hugh Ross，Sabine-Auken，Ron Anderson

亚军东亚蓝队：钟仁谦、刘昌垲、吴家兴、邱东蔚、张英村、陈国榕

季军以色列队：Julian Fryderich，Michael Hochzeit，David Birman，Shalome-Zeligman，Guy Gecht，Zohar Tur

殿军聚龙队：沈君山、郭哲宏、黄光辉、戴明芳、张植鉴、张忠谋

另外副杯东亚杯的结果如下：

冠军伦敦队：Irving Rose，Victor Silverstone，Andrew Robson，Tony Forrester，Sally Horton，Dave Kendrick

亚军 Tokyo Miya Kuni 队：宫国健二、中村嘉幸、青木美叶、松子保子、Richard Bruno

季军声宏队：吕振旦、沈治国、陈传诚、吴锦祥、林志谋、沈乃正

声名显赫的美国队，自太平洋彼岸远道而来，或许受到舟车劳顿及连日出赛的影响，在决赛中的表现，其实并不理想。在上一篇的牌局中，世界第一高手 Jeff Meckstroth 采取了致败的打法，靠错误的防御才侥幸完成定约。而下面的第四十二副牌，三届世界冠军的 Mike Lawrence 及 Hugh Ross，也在防御上出现失误。这一牌是西家发牌，双方有局：

	北	
	♠KQ86 ♥A4 ♦AJ64 ♣1054	
西 ♠104 ♥KJ82 ♦1097 ♣K976		东 ♠A953 ♥9653 ♦Q8 ♣J32
	南 ♠J72 ♥Q107 ♦K532 ♣AQ8	

西	北	东	南
美国队	东亚蓝队	美国队	东亚蓝队
Pass	张英村	Lawrence	陈国榕
Pass	1♦	Pass	2NT
Pass	3NT	All Pass	

南家的 2NT 示开叫牌力，逼叫成局。西家首攻♥ 2，明手出 4，东家上 9，笔者♥ 10 赢进。第二墩，笔者出♦ 2，明手的 J 被东家 Q 赢去。东家续攻红心，顶掉明手的♥ A。笔者由♦ 6 到手中 K，出♠ 2 到明手 Q，赢了这一墩，引回♠ 6，手中的 J 又吃到了，西家跟出♠ 10。

此时赢墩已有八墩，3NT 定约仅差一墩，如果黑桃 3-3 分配，只要再送一圈黑桃，即可打大明手的第四张黑桃，或者♣ K 偷到，定约也就回家了。当西家第二圈现出♠ 10 时，笔者考虑黑桃的分配，依照“限制选择律”（Restricted Choice），他应该没有♠ 9，则东家的黑桃就是 A-9 四张，冀望打大明手第四张黑桃也就无异缘木求鱼了。然而，黑桃果真是 4-2 分配时，定约反而变成轻而易举了。既经谋定，明手遂提掉♦ A，再出慎重保留的♦ 4，由♦ 5 回到手中，形成如下残局：

西	北	东
	♠K8 ♥-- ♦-- ♣1054	
♠-- ♥KJ ♦-- ♣K97	北 西　　东 南	♠A9 ♥65 ♦-- ♣J
	♠7 ♥Q ♦-- ♣AQ8	

笔者送出♥ Q，西家♥ K 赢进，只能再取♥ J，然后迫出梅花，让笔者赢取手中的♣ A-Q 而完成定约。在另外一桌，美国队由坐北家的 Eric Rodwell 主打 3NT，东家首攻红心，定约一无机会，最后宕一墩，东亚蓝队赢了 12 国际

序分。

东家让送黑桃并无意义，只要在♠A赢进时穿梭梅花，西家♣K即可击落定约。另外在首攻时，东家也不该出♥9，如果他跟♥6或♥5，保留♥9在手，西家第二轮红心跟♥J，在♥K进手后，第四圈红心以♥8投出，让东家♥9上手，即可逃过迫出梅花的窘境，定约也就不可能完成了。

取材自《1990普腾埠际赛》，原载《中国桥艺》第358期，1990年10月号。

58 香港埠际赛之一

笔者自1971年开始热衷桥牌，至1990年，已近二十年。在这一年，参加东亚队角逐普腾杯失利，仅能夺得亚席之后，每思及工作上并不顺遂，桥牌又难以取得突破，遂逐渐淡出桥牌，绝少参加桥赛。1991年夏，蒙张老四力邀，乃应允加盟日星队，共赴香港参与埠际赛。8月24日至31日，香港埠际赛（Hong Kong Inter-City Bridge Championships）举行于湾仔 Convention and Exhibition Centre，共有来自亚太地区的45支队伍参与盛会。其中，四队来自中国台北，包括聚友队，阵容是张植鉴、谢仕荣、张忠谋、周新怀、黄光辉及戴明芳；市府队，内有夏汉蓉、汪泓、徐嘉华等人；中兴队，陈光、许铭祥、罗五湖、陈孝昌四人；以及日星队；另外还有蔡中曾及林宪助二位加上新加坡桥友的"联合队"（Alliance）。日星队是廖洪为领军，与张英村搭配，笔者与颜永南首度搭档，另外二位队友则是羊公传及冷中兴。

队制赛于 8 月 27 日开锣，四十五支队分为四组单循环，各组前两名晋级钻组 Flight A，次二名晋级金组 Flight B，其他则加入银组 Flight C 之序位赛。来自台北的队伍，只有中兴队晋级钻组，但并未能在复赛中力争上游，最后钻组由云南队夺得冠军。聚友队及日星队则晋级金组，七场循环赛后，由日星队及香港 Lung 队取得金组决赛资格。Lung 队阵容为 Ashley Lung，Nelson Hsi，Karic Chiu，Peter Yeung，S. S. Box 及 David Chan，其中 Chiu 及 Yeung 两位是香港高手。

决赛打四十八副牌，分为四圈进行。颜永南与笔者于首圈休息。不料 Lung 队在十二副牌中，竟以 77∶0 的悬殊比数重创我队。之后我队欲振乏力，又连败三圈，让 Lung 队轻轻松松拿下冠军。下面是第二圈第二副牌，南家发牌，南北方有局：

♠A62
♥AJ64
♦AK105
♣J3

北

西 东

南

♠KJ3
♥Q87
♦863
♣AQ72

北	南
颜永南	陈国榕
	1♣
1♥	1NT
2♦	2♥
2♠	2NT
3NT	Pass

西家首攻♣5，明手出J吃到，东家跟♣8。南北二手大牌虽已达29点之多，但因牌力分散，目前只有八墩。笔者盘算，必须红牌有一门是3–3分配，或者东家的红心双张或三张带K，或者偷到♠Q，才能如约完成九墩。

第二圈，笔者由明手出小红心到手中Q，东家跟2，西家跟3。东西方的跟牌是采反信号，若是相信这二位港仔，则红心应是4–2分配，而东家的红心也不可能是双张带K了。红心既无前途，笔者乃将焦点移到方块，希望这门花色是3–3分配，或者东家持双张带一张大牌。于是笔者拔掉♦A–K，但结果令人失望，东家并未掉下♦J或♦Q。

笔者送出第三圈方块，东家赢进，西家抛掉♣4，并在下一圈同伴提吃第四张方块时垫掉♠4，然后东家转攻♠10。图穷匕见的时刻到了，要不要手中跟♠J，顺手偷东家的♠Q呢？

笔者判断西家应是4–2–2–5的分配，因此，不论他是否持有♠Q，定约均已必然作成。请看，在明手提掉两张高花A后，情势成为：

西	北	东
	♠62 ♥J6 ♦-- ♣3	
♠? ? ♥-- ♦-- ♣K? ?	北 西 □ 东 南	♠? ? ♥K10 ♦-- ♣?
	♠KJ ♥-- ♦-- ♣AQ7	

笔者拔掉♣A，送出♣Q，西家进手，只能再取一墩♣10，然后迫引黑桃，

投入庄家的怀抱，让笔者赢足九墩牌。全手牌情如下：

	北	
	♠A62 ♥AJ64 ♦AK105 ♣J3	
西 ♠Q754 ♥53 ♦42 ♣K10654		东 ♠1098 ♥K1092 ♦QJ97 ♣98
	南 ♠KJ3 ♥Q87 ♦863 ♣AQ72	

在另一桌，由北家主打相同的定约，攻防过程相当有趣。如果东家首攻黑桃，除非是双明手，否则不易成约。东家首攻选择了♥10，若是庄家手中♥J赢进，再出一圈红心，以后送一次梅花，即可完成九墩。但庄家首圈于明手出♥Q，吃到后拉回小梅花，如果西家放过，定约仍不易作成。但西家立即上♣K，穿回红心，庄家♥A赢进，轻易完成九墩。

两桌庄家均完成定约，是一副没有输赢的平牌。

59 香港埠际赛之二

埠际赛步入尾声，金组 Flight B 的决赛，由日星队及香港 Lung 队以 48 副牌争夺冠军。Lung 队在首圈即以 77∶0 大胜，取得绝对优势。而日星队则欲振乏力，第二圈依旧是小败的局面。

下面是第三圈的一副牌，东家发牌，双方无局：

	北	
	♠Q9 ♥A8 ♦AKJ10965 ♣A5	
♠107 ♥Q963 ♦872 ♣J984	北 西 □ 东 南	♠K854 ♥54 ♦Q3 ♣Q10732
	♠AJ632 ♥KJ1072 ♦4 ♣K6	

叫牌过程如下：

西	北	东	南
Lung队	日星队	Lung队	日星队
Karic Chiu	颜永南	Peter Yeung	陈国榕
		Pass	1♠
Pass	2♦	Pass	2♥
Pass	3♣	Pass	3♥
Pass	4♦	Pass	4♥
Pass	4NT	Pass	5♦
Pass	5NT	Pass	6♥
Pass	7♠	All Pass	

北家的 4NT 及 5NT 是黑木特约（Blackwood），得知同伴有一张 A 及两张 K，希望其中有一张 K 是在将牌上，遂一赌手气冲上黑桃大满贯。如果南家的两张 K 有一张换成♠ K，大满贯也将是必成的定约。

其实，北家可以安排更有效的叫牌过程，以寻求找到合理的满贯。由于

2♦已是逼叫成局，因此北家第二圈以再叫 3♦较佳，表示六张以上的牌组，让同伴持♦ Qx 时容易加叫。再者，北家如在第三圈时加叫 3♠，表示同意这门牌组，则以后以关键张黑木特约（Key Card Blackwood）询问，即可得知同伴全手仅持一关键张，自然不会叫到大满贯。

西家 Karic 系笔者旧识，首攻♠ 10，明手盖 Q，东家跟 4。明手续出♠ 9，东家盖上 K，笔者 A 取，西家跟出 7。西家的首攻帮了庄家大忙，而从东家第二圈才扑上♠ K 看来，他显然是持了 K–8–5–4 四张将牌。要将牌不失，唯一的对策，就必须在终局时施展“王谱”。

主意既定，将牌暂且按兵不动，笔者提掉♦ A–K，手中抛掉一张红心，东家第二圈掉下♦ Q。笔者接着将吃第三圈方块，东家垫掉一张红心，形成如下残局：

	北	
	♠-- ♥A8 ♦J1096 ♣A5	
西 ♠-- ♥Q963 ♦-- ♣J984		东 ♠85 ♥5 ♦-- ♣Q10732
	南 ♠J6 ♥KJ107 ♦-- ♣K6	

现在手中提掉♣K，由♣A下桥，奔吃成串的好方块，东家任何时候将吃，笔者都超将吃，拔掉最后一张将牌，再由♥A下桥，明手全都是赢张，大满贯顺利成约，我队得1510分。

在另一桌，香港Lung队停在5♦，完成十三墩，得440分。日星队净赢1070分，14国际序分。

60 香港埠际赛之三

1991 年 8 月 31 日，香港埠际赛进入尾声。在金组 Flight B 的决赛中，香港 Lung 队连胜三圈，遥遥领先对手日星队。由于大势几乎已告底定，故第四圈时，双方的心情都已十分轻松。下面一副牌，在对方防守不力之下，笔者摸到一局。这一副牌是南家发牌，双方无局：

	北	
	♠KQ63 ♥J74 ♦10 ♣J8762	
西 ♠10 ♥Q ♦KQ8754 ♣KQ1093	北 西 □ 东 南	东 ♠J7542 ♥K952 ♦AJ3 ♣5
	♠A98 ♥A10863 ♦962 ♣A4	

叫牌过程如下：

西	北	东	南
Lung队	日星队 颜永南	Lung队	日星队 陈国榕
			1♥
2NT	Pass	3♦	Pass
Pass	3♥	Pass	4♥
All Pass			

同伴首圈不能加叫，笔者最后叫上 4 ♥，是过分无理的叫品。但一者，赛程即将落幕，这一牌成败与否，显然不会改变比赛的结果；二者，笔者虽是低限牌力，但却有三张 A，若同伴方块短门，应仍有一搏的机会。总之，笔者最后决定试试手气，遂勇往直前，冲上一局。

西家首攻♣ K，笔者 A 赢进，送出方块，东家♦ J 吃，转攻小将牌，手中跟小红心，西家♥ Q 吃到，转攻♠ 10，明手以 K 赢了这一墩。笔者回顾叫牌过程，判断东家应仅有三张方块，否则他若持四张，应以 4♦阻击才合常理，那么西家的分配就应该是 1-1-6-5 了。

接下来，明手拉回小黑桃到手上 9，西家垫掉一张梅花，他的高花果真都是单张。笔者心情大定，明手将吃方块，黑桃到 A，明手再将吃第三圈方块，提掉♠ Q，手中抛掉梅花失张。进行至此，笔者手中仅剩四张将牌，局势如下：

西	北	东
	♠--	
	♥--	
	♦--	
	♣J876	
♠--		♠J
♥--		♥K95
♦KQ		♦--
♣K10	南	♣--
	♠--	
	♥A1086	
	♦--	
	♣--	

明手出梅花，东家垫掉♠J，笔者手中♥ 6 将吃，送出♥ 8，到东家 9，然后坐等手中的♥ A-10 取得最后两墩而完成定约。若是西家♥ Q 进手时，先提掉♣ Q，无论任何转攻，东家必可取得一墩将牌而击落定约。

1977 年马尼拉亚太杯赛后，笔者曾偕张氏兄弟转道香港。蒙邓备殷君及香港高手 SS Yeh 君热情接待，欢聚数日，有一段愉快的回忆。之后，笔者曾经三度赴港参与桥赛，但三次都未能交出漂亮的成绩单。先是 1988 年，笔者加入欧圣钟领军的东亚队，与严定明、吴家兴、梁台中、钟仁谦几位队友，首度争战香港埠际赛，结果未能晋级四强决赛，仅能夺得序位赛 Flight B 冠军。1991 年，偕日星队再度参与香港埠际赛，只能争得金组 Flight B 亚军。一年之后的1992年，第二届亚太桥艺大赛（2nd Asia Pacific Bridge Congress）于港举行，笔者在内的东亚队卫冕失利，在最后的四强决赛中，先败于大陆队，然后在三、四名之战又再度败北，仅只聊胜于无地赢到殿军。未能在香港扬名立万，是笔者二十年桥牌生涯中的一大憾事。如今两鬓华发，年华不再，想必此一遗憾也将继续伴随着笔者吧。

61 香港埠际赛之四

在这一届香港埠际赛，笔者每当下场休息时，游走各桌之间观战，因而看到了不少有趣的牌局，例如下面一副牌：

	北	
	♠108 ♥KQ9652 ♦K1063 ♣7	
西 ♠732 ♥AJ73 ♦Q8 ♣Q1062		东 ♠4 ♥1084 ♦J972 ♣KJ984
	南 ♠AKQJ965 ♥-- ♦A54 ♣A53	

由澳洲第一好手 Tim Seres 领军的澳洲 Seres 队，麾下除 Seres 本人外，尚有 R. Smilde 及 A. Reiner 等澳洲国手，实力颇为平均。上面是初赛阶段 Seres 队遭遇云南队的一副牌，最后由坐南家的 Seres 主打 6♠定约。

云南队西家首攻将牌，明手赢进，出♥ K，东家跟 4，Seres 手中抛掉一张梅花。西家♥ A 吃进，再接再厉，又抽一圈将牌。Seres 由明手吃住，手中将吃一次红心，并续清三轮将牌，明手抛掉两张红心及一张方块。剩下六张牌时，残局如下：

西	北	东
	♠--	
	♥Q9	
	♦K106	
	♣7	
♠--		♠--
♥J7		♥--
♦Q8		♦J97
♣Q10		♣KJ9
	南	
	♠J	
	♥--	
	♦A54	
	♣A5	

Seres 续出♠ J，西家垫掉♦ 8，明手抛掉♦ 6，东家垫掉♣ 9。接下来，Seres 提掉♦ A-K，西家在♦ K 时受挤，红心不能垫，只能抛掉梅花。现在明手兑取♥ Q，东家两门低花受挤，不得不让庄家多取一墩。Seres 在终局时打出双挤，赢得十二墩，完成满贯定约。

聚友队对抗“联合队”（Alliance）的一桌上，对抗相同的 6♠定约，“联合队”的西家蔡中曾律师也首攻将牌。聚友队南家采取与 Seres 相同的打法，但在西家清第二圈将牌后，庄家未能预见终局的双挤情势，处理不善，定约以宕一墩收场。

笔者按，这手牌，并不需要双挤，乃是必成的定约。西家首攻将牌，虽然击中要害，但庄家赢进，不该马上动红心，而应先拔掉♣ A，桌上将吃一次梅花，然后才引♥ K。若东家盖上♥ A，将吃之后，清光将牌，♥ Q 垫掉一张失张，完成十二墩。若东家跟出小红心，则手中抛掉另一梅花失张，进手后清光将牌，以♥ Q 垫掉方块失张，全手只失一墩♥ A。这手牌其实相当简单，不是吗?

Tim Seres 生于 1925 年，卒于 2007 年，曾代表澳洲参加过五次百慕大杯，五次奥林匹亚队制赛，及许多次亚太杯，乃是澳洲第一高手。Tim Seres 在上面一副牌，以漂亮的双挤完成定约。然而笔者的疑惑是，何以他未采用简单又安全的必胜打法呢?

62 探囊取物

唐朝大诗人白居易《题山石榴花》:“一丛千朵压阑干,翦碎红绡却作团。风袅舞腰香不尽,露销妆脸泪新干。”淡淡的春天,杜鹃花在浅浅的烟雨里绽放缤纷,台北市处处花团锦簇,迤逦成片,显得一片诗情画意。2004 年 3 月 13 日、14 日两天,台北市春季队制赛,就在这杜鹃花季里登场。

比赛于国际桥艺中心举行,共计 14 队与赛,赛程采单循环,每场交手 8 副牌。承蔡志忠大师相邀,与万钧搭配,加入龙卡通队麾下,参与角逐。鏖战两日,成绩揭晓,结果如下:

冠军自强：颜永南、沈乃正、林志谋、何家声、张伟明、黄信德

亚军江友：高震、吴家兴、陈传诚、陈永弘、郑得统、陈宏裕

季军山海佑正：李启民、洪乙安、潘奕诚、林添良、何嘉栋、黄惠琳

殿军如意：沈治国、龚芳文、胡小凤、刘蔺秦、蔡文娟

第五名龙卡通：蔡志忠、李坤彪、张擎宇、周朝鼎、万钧、陈国榕

第十二场，龙卡通队遭遇如意队，幸亏万钧在下面一副牌有十分精彩的表演，才能在终场时以胜分 15∶15 打成平手。这一副牌是第六副牌，北家发牌，双方无局：

	♠J65 ♥K86 ♦Q93 ♣8632	
♠K4 ♥QJ103 ♦8742 ♣AQJ	北 西　　东 南	♠Q9873 ♥5 ♦J6 ♣K10954
	♠A102 ♥A9742 ♦AK105 ♣7	

叫牌过程如下：

西	北	东	南
如意	龙卡通 陈国榕	如意	龙卡通 万钧
	Pass	2♦	Dble
3♣	Pass	Pass	3♥
Pass	4♥	Pass	Pass
Dble	All Pass		

东家的 2 ♦开叫，示 6 张红心，或黑桃带一门低花 5–5 分配的弱牌。南家的加倍示方块长度，而西家的 3 ♣则属“Pass 或改叫”（Pass or correct）的叫品。北家持最平均分配的 6 点牌，但在同伴三线叫出红心后，认为♥ K 及♦ Q 可发挥最大作用，又相信同伴应是短门梅花，遂一赌成局而叫上 4 ♥。

西家持了三张必赢墩，加倍是自然的反应，并采迫将战术，首提♣ A，续引♣ Q，庄家将吃。

万君盘算，从叫牌判断，西家应持有四张将牌，才会下令处罚，则东家是 5–1–2–5 分配，而西家是 2–4–4–3 牌型。在梅花已失一城，黑桃尚有失墩的情况下，唯有赢足四墩方块，以第四张方块抛掉明手一张黑桃，终局时迫西家引出将牌。若能如此，则全手仅失梅花、黑桃及将牌各一墩，定约才有成功的机会。东西家的方块既是 2–4 分配，要赢足四墩方块，概率较大的打法是偷西家的♦ J。

于是万君出一张小将牌，西家跟♥ 10，明手 K 赢吃，拉回♠ J，东家扑 Q，万君放过，先礼让一圈。东家进手，既未配合同伴，以梅花继续迫将，又不攻击黑桃，反而出人意表地引出♦ J。万君喜出望外，♦ J 既已自投罗网，定约当是易如探囊，遂以手中♦ A 赢进方块转攻，由♦ Q 下桥，手上再将吃一圈梅花，拔掉♠ A 及♦ K–10，明手垫掉黑桃，形成如下残局：

	北	
	♠--	
	♥86	
	♦--	
	♣8	
♠-- ♥QJ3 ♦-- ♣--	西 □ 东	（略）
	南	
	♠10	
	♥A9	
	♦--	
	♣--	

西家的其他三门牌均已剥光，万君现在出♠10，西家只能以♥J将吃，然后被迫自Q–3的将牌中引牌，投到庄家A–9的怀抱。

在另外一桌，东家首圈Pass，南家开叫精准制1♣，北家答叫1♦示弱，南家再叫1♥，北家加叫2♥，成为最后定约，并正好作成。这副牌，万君精算细打，为龙卡通队赢到480分，10国际序分。

万钧热爱桥牌，是笔者多年老友，桥牌桌上的搭档，高尔夫及撞球的球友，过从甚密。不幸于2011年患上癌症，与病魔缠斗数年之后，于2015年7月与世长辞，享年六十七岁。仅以本牌献给万钧，愿万钧在天堂上，每天都快快乐乐地打桥牌，牌牌都有如此精彩的演出。

63 君山外记之一

系出世家名门，有“台湾四大公子”美誉的沈君山、陈履安、钱复及连战四人中，集学者、科学家、桥棋双栖高手、才子于一身的沈君山博士，不但风度潇洒，而且才气纵横，天文物理，诗书棋桥，无不样样精通。

沈君山，1932年8月29日出生，浙江余姚人，台大物理系毕业，美国马里兰大学天文物理学博士，1973年返台，任教台湾“清华大学”，先后担任过理学院院长及校长。1999年6月、2005年8月、2007年7月三次中风，经予治疗，目前仍处于昏迷状态，尚未苏醒。

沈博士是笔者旧识，早年因桥牌而结缘，曾多次同队逐鹿各项锦标，待人亲切，和蔼可亲，是笔者最敬佩的人士。生老病死，世之常态。博士，愿你早日得享安乐，重现往日意气风发的英姿。

沈博士曾多次参加国际桥牌大赛。早在 1969 年，即曾勇夺举行于巴西里约热内卢（Rio de Janeiro）的百慕大杯亚军，举世桥坛都为之刮目相看。之后，又在 1972 年于美国迈阿密（Miami）举行的奥林匹亚队制大赛（World Team Olympiad）中，打出第五名的佳绩，并在多次亚太杯中赢得冠军。

1975 年 6 月 13 日及 14 日，第三届中华杯决赛于中国之友社举行。连续两天决战 128 副牌的结果，运通队（沈君山、郑焜仁、戴明芳、林宪助、黄光辉、童兴駮）以 69（276 : 207）国际序分之差击败千鼎队（胡勇超、叶瑞标、董岐龙、马道仁、张溪圳、张英村），荣获冠军，也赢得当年亚太杯代表权。

下面是第七圈第一百〇二副牌，西家发牌，东西方有局。沈博士以精彩打法完成一局，为运通队大赢一副牌。

北：
♠8
♥10975
♦QJ10843
♣K9

西：
♠109543
♥6
♦K9
♣QJ873

东：
♠QJ
♥K43
♦A72
♣A6542

南：
♠AK762
♥AQJ82
♦65
♣10

关闭室内，运通队坐南北方，千鼎队坐东西方，叫牌过程如下：

西	北	东	南
千鼎	运通	千鼎	运通
张溪圳	郑焜仁	张英村	沈君山
Pass	Pass	1♣	1♠
2♣	Pass	Pass	3♥
Pass	4♥	All Pass	

西家首攻♣Q，东家的A赢吃明手的K，再回攻♣2。由于低花必失三城，只有东家持♥K，定约才有希望。另外，在建立旁门花色上，一者南北两家已有八张方块，只要驱出敌方的♦A–K即可；二者要建立手中的黑桃，必须明手将吃两次，存在被东家超将吃的风险。于是沈博士以♥Q将吃，送出方块，西家即以♦K吃，转攻黑桃到J及A。庄家再送方块，东家♦A赢进，再回第三圈方块，升将意图明显。

沈博士手中♥J将吃方块回攻，明手♥5将吃黑桃下桥，清将牌，出♥10，东家跟3，手中抛8，偷到了。明手续引♥9，东家跟4，手中出2，仍由明手引牌。现在明手改出已经打大的好方块，东家任何时候♥K将吃，庄家就♥A超将吃，明手仍有一张♥7，可供将吃黑桃下桥而提吃方块，定约成功了。

在公开室，最后由千鼎队南家主打3♥定约，西家同样首攻♣Q。庄家以♥2将吃第二圈梅花，提掉♠A–K，明手将吃第三圈黑桃，东家以♥K超将吃，反手抽一圈将牌，然后在♦A进手时又抽一圈将牌，庄家手中仍有一张黑桃无处交代，定约宕一墩。这手牌，运通队在两桌双得470分，10国际序分。

沈博士主打这手牌，一开始就能洞烛机先，连续以♥Q及♥J将吃，然后在清将时出掉♥8，处心积虑地保留了♥2，才能在终局时，打成明手奔吃长门方块的形势，过程精彩，是一副疏通桥路的经典之作。

64 君山外记之二

温文洒脱、才华横溢的沈君山，经常予人“名士派”的印象。他多彩多姿的人生，总是令人无限向往。下面是一首流传在网络上的诗，题为“清华寻幽”：

朝晖初跃绿梢头，漫步校园且寻幽。
枫林小径情人悦，茵梦湖畔君山愁。
光明顶瞰松竹翠，成功胡仰风云楼。
月涵德厚梅花伴，水木清华哪知秋？

传说昔日沈君山十分喜欢胡茵梦，故台湾清华校园内的相思湖又名茵梦湖，是耶非耶？

言归正传，话说 1975 年的第三届中华杯，运通队与千鼎队一百二十八副牌决赛接近尾声时，出现了下面这手牌。这是第一百一十四副牌，北家发牌，东西方有局。

♠K82
♥32
♦A10865
♣J103

北
西 东
南

♠AJ74
♥QJ5
♦KQ3
♣AQ7

西	北	东	南
千鼎	运通	千鼎	运通
董岐龙	郑焜仁	马道仁	沈君山
	Pass	Pass	1♣
1♥	2♦	Pass	3NT
All Pass			

南北方叫牌是精准制，北家的2♦示5–8点，南家艺高胆大，一跳就是3NT。

西家首攻♥8，东家跟10，沈博士手中♥Q赢进。看起来3NT是轻松的定约，只要方块3–2分配，九墩牌即可手到擒来，不费功夫。于是沈博士拔掉♦K–Q，哪知西家是单张方块，垫掉♣6。沈博士处变不惊，再出第三圈方块，预备明手♦A进手偷梅花，只要♣K在东家手中，成约仍将是轻易之举。

西家在第三圈方块又垫掉♣2，沈博士看在眼里，心中暗自盘算，西家董君是诚信的正人君子，既然已经作出信号，看来♣K是偷不到，要完成定约，就只有另谋他途了。接下来，沈博士拉回一张小黑桃，手中♠J飞过，吃到了，然后又提掉♠A及♠K。第三圈黑桃时，西家陷入长考，原来他已经受挤了，而此时的残局是：

	♠K ♥3 ♦108 ♣J103	
♠-- ♥AK976 ♦-- ♣K5	北 西 □ 东 南	♠Q10 ♥4 ♦J ♣984
	♠74 ♥J5 ♦-- ♣AQ7	

西家最后忍痛垫掉♥6，沈博士送出红心，西家赢取四墩红心，然后迫引梅花，投向庄家的 A–Q，定约安然完成九墩牌。全手牌如下：

	♠K82 ♥32 ♦A10865 ♣J103	
♠65 ♥AK9876 ♦2 ♣K652	北 西 □ 东 南	♠Q1093 ♥104 ♦J974 ♣984
	♠AJ74 ♥QJ5 ♦KQ3 ♣AQ7	

在另一桌，千鼎队南北方的定约停在2♠，正好成约。沈博士在这一副牌判断正确，舍弃了必败的梅花偷牌，以投入法完成定约，为运通队添上7国际序分。

65 君山外记之三

沈君山博士于 1961 年取得马里兰大学天文物理学博士学位，之后进入普林斯顿大学做博士后研究，然后在太空研究所工作，1964 年到普渡大学任教，1973 年返台后任教于台湾“清华大学”。

桥牌是沈博士的至爱，旅美期间，亦未能忘情于桥牌。除了 1969 年，曾在百慕大杯一鸣惊人之外，亦曾两度代表中国台湾角逐亚太杯。先是 1962 年，第六届亚太杯于马尼拉举行，博士首度代表中国台湾与会，最后由印度尼西亚队夺得冠军，菲律宾队亚军，我队只争得季军。1966 年，第十届亚太杯于曼谷举行，沈博士再度参与角逐，但仅赢得亚军，锦标则由地主队泰国夺得。

沈博士返台后，于 1974 年第三度入选代表队，远征马尼拉，角逐第十八届亚太杯，结果仍未能如愿，最后成绩依旧是印度尼西亚队称王，我队居次。

1978 年，沈博士第四度入选代表队，远征印度新德里（New Dehli），角逐第 22 届亚太杯，同行的队友尚有黄光辉、郭哲宏、林宪助、涂亚平及郑焜仁。这一届，沈博士终于得偿夙愿，一圆亚太冠军美梦，距其初次进军远东赛，已时隔 16 年矣。下面是本届亚太杯第二循环第二场，与日本一战下半场的一副牌，东家发牌，双方有局：

	♠KQ7 ♥103 ♦K ♣J1098742	
♠4 ♥K976 ♦AJ7543 ♣A5	北 西　　东 南	♠6532 ♥Q42 ♦Q1098 ♣63
	♠AJ1098 ♥AJ85 ♦62 ♣KQ	

关闭室：南北方——中国台湾中华队、东西方——日本队

西	北	东	南
日本队	郑焜仁	日本队	沈君山
		Pass	1♠
2♦	2♠	Pass	3♥
Pass	4♠	All Pass	

西家首提♦A，看到桌上单张方块，马上转攻将牌。庄家手中以♠8吃进，送出♣Q，西家让过，庄家又送♣K，西家♣A吃进，转攻方块，迫明手将吃。

但沈博士胸有成竹，明手并不将吃，而抛掉一张红心。在下一圈，沈博士以♥A 赢进西家的红心转攻，然后清一圈将牌下桥，发现东家持四张将牌后，奔吃明手的好梅花，东家任何时候将吃，庄家都以♠A 超将吃，抽掉东家最后一张将牌，明手全都大了，中国台湾中华队得 620 分。

公开室：南北方——日本队、东西方——中国台湾中华队

西	北	东	南
郭哲宏	日本队	黄光辉	日本队
		Pass	2♥
3♦	3♠	4♦	4♠
5♦	Dble	All Pass	

南家的 2♥开叫，表示 5 张黑桃及 4 张红心，东西方判断不易击落敌方的一局，乃牺牲 5♦。北家首攻♠K，赢到之后，转攻♥10，给这个加倍的定约一个喘息的机会。庄家小郭盖上明手的♥Q，南家♥A 吃住，转攻梅花。庄家♣A 赢进，无桥下桌偷将牌，只得手中敲♦A，不料击落北家的单张 K。小郭精神一振，飞快地清第二圈将牌下桥拉回红心，南家跟♥5，手中 7 点偷过；再由将牌下桥引红心，手中♥9 盖过南家的 8，然后以♥K 垫掉明手梅花，将吃梅花，完成加倍的定约，中华队又得 750 分。

关闭室内沈博士主打精彩，而公开室中，则完全应验了“无心栽柳柳成荫”这一句话，中华队两桌双得 1370 分，16 国际序分进账。

66 君山外记之四

1980年的第八届中华杯，龙星队（黄光辉、陈国榕、郭哲宏、沈治国、张溪圳、张英村）在决赛中击败红石队（黄立民、徐维德、陆师抗、宋家瑜、林宏时、方曙），赢得冠军。另外，桥协举办的选拔赛，选出沈君山－郑焜仁、严定明－林士雄、徐嘉华－张中平三对组成挑战队。挑战赛原定六场，每场32副牌，在赛完五场后，龙星队以60∶19.41胜分的悬殊比数，迫挑战队弃子称臣，轻松地赢得奥林匹亚队制赛代表权。下面是挑战赛第一场的一副牌，沈博士把握了敌手失误的机会，以神奇手法，完成不可能的任务。这一副牌是第十九副牌，东家发牌，南北方有局。

	北	
	♠A973 ♥J104 ♦J94 ♣K94	
西 ♠Q10854 ♥Q98 ♦108 ♣863		东 ♠KJ6 ♥732 ♦KQ62 ♣QJ7
	南 ♠2 ♥AK65 ♦A753 ♣A1052	

西	北	东	南
龙星队	挑战队	龙星队	挑战队
陈国榕	郑焜仁	黄光辉	沈君山
		1♦	1♥
1♠	2♥	Pass	3♥
Pass	3NT	Pass	4♥
All Pass			

看起来 4♥定约必失一墩将牌、两墩方块及一墩梅花，不可能成约。但由于西家的方块是 10–8 双张，若是庄家猜对，先从手中出牌到西家 8、明手 9 及东家 Q，以后从桌上引 J，一石二鸟，打下西家的 10，最后手中的 7–5，再偷死东家的 6，全手仅再丢红心及梅花各一墩，定约即可作成。

西家首攻♦10，明手盖上 J，东家跟 Q。或许庄家应该先礼让一圈，一则可防止敌方将吃，再则可保留这门花色的控制，但沈博士即以♦A 赢进，提掉♣A–K，又送出第三圈梅花。东家已知庄家手中是 1–4–4–4 的牌型，进手后，英勇地冲出♠K，明手 A 取。如果方块只能丢一墩，此时必须打定西家剩下的方块是 8，而明手就应该出♦ 9，但沈博士拉回小方块，东家跟上♦ K，却打下了同伴的♦ 8。

如果东家续攻方块，西家将吃，然后回攻黑桃，迫庄家将吃，即可击垮定约。但东家未能掌握正确时效，马上回攻黑桃迫将，就给了庄家可乘之机。沈博士拔掉♥ A–K，残局如下：

	♠97 ♥J ♦9 ♣--	
♠Q108 ♥Q ♦-- ♣--	北 西　　东 南	♠6 ♥7 ♦62 ♣--
	♠-- ♥6 ♦75 ♣10	

沈博士手中出第三圈方块，如果西家垫掉黑桃，则明手♦ 9 吃到，出黑桃，庄家♥ 6 将吃，从手中引任何一张低花，明手的♥ J 必可将吃而取得定约所需的第十墩牌。因此，西家只得以♥ Q 将吃，然后回攻黑桃。但即就如此，依旧无法阻止庄家成约。沈博士手中♥ 6 将吃黑桃，提掉♦ 7，明手剩下一张唯我独尊的♥ J，这正是完成定约的第十墩牌。

在另外一桌，龙星队的南北方停在 1NT，完成八墩。沈博士巧妙地完成有局的一局，为挑战队赢进 11 国际序分。

67 远东桥王之初试啼声

1980 年及 1981 年这两年，笔者有幸与光辉搭档，先是在 1980 年举行于荷兰法肯堡（Valkenburg，The Netherlands）的第六届奥林匹亚队制赛（6th World Team Olympiad）晋级准决赛，并在准决赛中，击败该届冠军法国队及前一届冠军巴西队，虽未进入决赛，但仍获得第五名的佳绩。次年，1981 年，第二十四届亚太杯于台北来来大饭店举行，我们不负重托，击败印度尼西亚队，夺得冠军；另外又赢了双人赛的亚军。这两年，可以说是笔者二十年桥牌生涯中，战绩辉煌的两年。再者，笔者前后角逐过三届亚太杯，搭档均不相同，唯有此届，托光辉之福，赢到冠军，一偿多年心愿。

人称“远东桥王”的黄光辉，原是上海市人，出生于 1943 年。其尊翁绍祖公，对台湾桥运的推动居功甚伟。光辉幼承庭训，八岁学会桥牌，在初中时代，即与其兄光明搭挡参加各种比赛，逐渐在桥坛崭露头角。

1957 年，光辉首次赢得台北市应钦杯冠军，并于 1958 年元旦获敬之杯（即主席杯之前身）队制赛及双人赛双料冠军，成为桥坛一颗新崛起的明星，以及新希望之所寄。这一年，第二届亚太杯于东京举行，中国台湾以双人赛方式选拔三对与会，光辉与光明首度膺选，另外两对则为来自冈山空军的王家骐、丁兆元、韩平元、陈宗圣四人。

第二届亚太杯共四队参与角逐，最后由菲律宾两度赢得冠军，日本亚军，中国香港季军，中国台湾殿后。下面是这一届亚太杯中菲之战的一副牌，曾报道于 1959 年 1 月号的《桥艺世界》(*The Bridge World*)，以及 1981 年 8 月 13 日美国《华盛顿邮报》(*The Washington Post*) 由 Alfred Sheinwold 主笔的桥牌专栏。这一副牌，东家发牌，南北方有局，坐南家的光辉，当时还是刚年满十五岁、就读师大附中的高二学生，而同伴光明则是台大三年级的学生。

	♠6 ♥J7642 ♦KJ8 ♣9532	
♠85 ♥KQ85 ♦Q973 ♣A74	北 西 东 南	♠AKJ10743 ♥1093 ♦-- ♣1086
	♠Q92 ♥A ♦A106542 ♣KQJ	

西	北	东	南
菲律宾	光明	菲律宾	光辉
		3♠	4♦
Dble	All Pass		

西家首攻♠8，到东家K，转攻♥10，光辉手中单张A赢进。西家接下来以♣A吃进庄家送出的梅花，续引♠5。明手以♦8将吃，光辉由将吃红心回到手中，提吃两墩大梅花，再出第三圈黑桃，明手♦J将吃。大家都剩下五张牌，残局成为：

西	北	东
	♠--	
	♥J76	
	♦K	
	♣9	
♠--		♠AJ107
♥K		♥9
♦Q973		♦--
♣--		♣--
	南	
	♠--	
	♥--	
	♦A10654	
	♣--	

明手拔掉♦K，拉回红心，光辉手中将吃，送出小将牌投入西家，再取最后两墩将牌，完成加倍的定约。

一个年方十五的毛头小伙子，能够熟练地，以剥光投入打法，精彩地完成定约，这也许就是各方广为报道的原因吧！

68 远东桥王之名扬四海

1963 年，第七届亚太杯于台北举行，光辉与郑焜仁搭档，首度夺得双人赛冠军。三年之后，1966 年，第十届亚太杯于泰京曼谷举行，光辉与戴明芳搭档，再度在双人赛中封王。另外，光辉与沈君山博士也被推选为本届大会的最佳搭档。

时隔一年，1967 年，第十一届亚太杯于菲律宾马尼拉举行，中国台湾中华队自首届参赛以来，终于在历经十年之后，首度在公开队制赛中夺魁，称雄于亚太杯。这一届的中华队，是由“船王”魏重庆领军，阵容为黄光辉、戴明芳、陈继平、林宪助、席裕强及廖启玟等六人。对光辉来说，前后五届角逐，终于在这一次得偿夙愿，首度尝到队制赛冠军的滋味。另外，与戴明芳搭档，又一次在双人赛中称王，成为这一届亚太杯的双料冠军。其连续获胜的事迹，吸引了香港杂志及岛内新闻的瞩目，广为报道，誉为“远东桥王”。

到了 1968 年，第十二届亚太杯举行于马来西亚吉隆坡，这一届的冠军队将取得百慕大杯的代表权。鏖战结果，澳洲队首获冠军，中国台湾中华队屈居亚军。

第十六届百慕大杯将于 1969 年举行于巴西第一大城里约热内卢（Riode Janeiro），澳洲队虽获得代表权，但参赛百慕大杯势需远渡重洋，需要一笔庞大经费，澳洲桥协无力负担，遂放弃其代表权。中华队因缘际会得以递补，乃征召光辉 - 戴明芳及旅美的黄光明 - 沈君山两对，并邀请泰国第一高手 Kovit Suchartkul 及旅泰华侨沈锦华（K. W. Shen）组成第三对，共襄盛举，远征南美，角逐百慕大杯。

中华队在第十六届百慕大杯的处女秀中表现优异，初赛即连败北美、法国及巴西等强敌，以第二名晋级决赛，取得与第一名及卫冕的意大利队一决雌雄的资格。最后，中华队虽以 182 : 429，大败 247 国际序分，但首次与赛，即勇夺百慕大杯亚军，大大地震惊了欧美桥坛，让世人从此对中国台湾桥艺水平为之刮目相看。下面是这一届百慕大杯决赛的第一百二十八副牌，也是最后一副牌，西家发牌，东西方有局。光辉在这一牌演出精彩，为中华队的首度百慕大杯争战画下了完美句点。

	♠J10872 ♥K75 ♦J6 ♣J102	
♠9 ♥102 ♦AKQ9542 ♣Q53	北 西 □ 东 南	♠63 ♥AJ986 ♦1087 ♣K84
	♠AKQ54 ♥Q43 ♦3 ♣A976	

西	北	东	南
Forquet	戴明芳	Belladonna	黄光辉
1♦	Pass	1♥	2♠
3♦	4♠	All Pass	

西家 Forquet 首攻♦ A，然后转攻♥ 10。此时，光辉心中不禁盘算，敌方既已攻中要害，除非红心是 5–2 分配，否则即无成约机会，因而“第二家跟小”（second hand low）的正常打法，在这手牌是行不通的，遂明智地在明手跟上♥ K。东家 Belladonna 被迫♥ A 赢进，再回攻红心，庄家♥ Q 吃住。

接下来，光辉拔♠ A，由♠ 10 下桥引♣ J，手中出小牌，进行双偷。Forquet ♣ Q 进手，已无红心可出，只能续引大方块。光辉以大将牌将吃，再由♠ J 下桥，又引♣ 10，双偷成功，第四张梅花垫掉明手红心，手上红心失张交由明手将吃，完成定约，中华队得 420 分。

在另外一桌，沈锦华持西家牌，以 3 ♦跳叫开牌。Pass 到南家，D’Alelio 采加倍逼叫牌，而北家 Pabis–Ticci 情况不明，正常地只叫 3♠，乃成为最后定约。东家 Kovit 首攻方块，沈锦华上手，马上穿回红心。庄家不明就里，第二家跟小，桌上♥ Q 吃。以后西家梅花进手，再引红心，东家取♥ A–J，定约只能作成九墩，意大利队得 140 分。

光辉在这手牌算无遗策，正确地处理红心，为中华队赢到 280 分，折合 7 国际序分。

69　远东桥王之算无遗策

1969 年 12 月，第十三届亚太杯于台北中泰宾馆举行，中国台湾中华队的阵容是黄光辉－戴明芳、郑焜仁－萧纪汉、周文超－李敬轩三对，挟百慕大杯亚军之余威，轻易夺得公开队制赛冠军，并取得百慕大杯的代表权。这是中华队，也是光辉个人在亚太杯的第二度胜利。

第十七届百慕大杯，于 1970 年于瑞典斯德哥尔摩（Stockholm，Sweden）举行。中国台湾中华队以黄光辉及戴明芳为主力，另以郑焜仁、萧纪汉、林宪助三人轮流搭配，在循环初赛阶段，领先代表欧洲的挪威队、代表南美的巴西队以及卫冕的意大利队，与北美队共同晋级决赛。最后北美队赢得冠军，中国台湾中华队荣获亚军，是再一次的成功演出。

1971 年，第十八届百慕大杯于台北中泰宾馆举行，并首度由六队参与角逐。这六队包括卫冕的 Aces 队、代表欧洲的法国队、代表北美的北美队、代表南美的巴西队、代表远东的澳洲队以及中国台湾中华队。最后由 Aces 队蝉联冠军，法国队亚军，澳洲队季军，中国台湾中华队殿军。

在这个时期，光辉任职于美商摩托罗拉电子公司台湾分公司，公务忙碌，请假并不方便，在第十八届百慕大杯赛后的两年期间，短暂地挥别了亚太杯。

1973 年 11 月，第十七届亚太杯于香港富丽华酒店（Furama Hotel）举行。光辉再披战袍，寻求个人的第三胜。中华队在这一届亚太杯展现了强大的实力，打出历年最佳成绩，平均每场超过 6.5 胜分。然而，印度尼西亚队麾下的 Mannopo 兄弟，有一套更能捞分的法子，平均每场 7 胜分，因而粉碎了光辉的冠军梦，中华队仅能获得亚军。

下面是这一届亚太杯，中华队迎战菲律宾队的一牌，光辉从叫牌及首攻就预见了其后的发展，因而能够未雨绸缪，妥善安排，完成加倍的定约。这一副牌，北家发牌，南北方有局：

	♠Q832 ♥432 ♦J76 ♣AK2	
♠KJ5 ♥J ♦A1054 ♣J10975	北 西 东 南	♠-- ♥K109876 ♦K9832 ♣64
	♠A109764 ♥AQ5 ♦Q ♣Q83	

西	北	东	南
菲律宾	郭哲宏	菲律宾	光辉
	Pass	3♥	3♠
Pass	4♠	Pass	Pass
Dble	All Pass		

西家首攻♥J，东家跟小牌，光辉手中Q吃进，清一圈♠A，东家将牌缺门，垫掉♦9。从东家的开叫，可以确定西家是单张红心；再从东家的垫牌，推测他应持有一张方块大牌，能够进手让同伴将吃红心。将吃既属不可避免，残局又该如何收拾，亦即手上第三张红心该如何交代呢？

光辉胸有成竹，拔掉♣A-K-Q，东家是双张梅花，第三圈抛掉一张红心，不过这对大局并无影响，光辉接着从手中出将牌。西家以♠K赢进这一圈，转攻小方块，明手跟小牌，东家不出所料，果然出♦K进手。此时残局如下：

	北	
	♠Q8 ♥43 ♦J7 ♣--	
♠J ♥-- ♦A105 ♣J10	北 西 □ 东 南	♠-- ♥K1098 ♦83 ♣--
	♠10976 ♥A5 ♦-- ♣--	

东家凶猛地转攻♥10，光辉盖A，西家将吃。然而，在西家将吃的同时，防御也正式宣告结束。如果西家回攻梅花，则明手将吃，庄家手中垫掉红心失张。若是西家拔♦A，则庄家手中将吃，由♠Q下桥，明手的♦J垫掉手上失张。实战中，西家转攻小方块，但这样并不能逃过光辉的法眼，明手出♦J，赢到了，于是垫掉手中的♥5。光辉在这一牌算无遗策，从容布局，全手只失一墩♠K、一墩♦K及一墩将吃红心，顺利地完成加倍的4♠定约。

70 远东桥王之瞒天过海

1976 年，中国台湾中华队由张植鉴领军，麾下黄光辉、郭哲宏、戴明芳、林宪助、郑焜仁及萧纪汉，远征新西兰威灵顿（Wellington，New Zealand），逐鹿第二十届亚太杯。这一届，中华队大放异彩，第四度夺得公开队制赛王座，这也是光辉个人第三次夺魁。

1977 年，第二十二届百慕大杯于菲京马尼拉举行。中华队派出上述原班人马，第四度向百慕大杯扣关。然而这一次，中华队的表现令人失望，初赛成绩敬陪末座，遥遥落后于卫冕的美国队、北美队、瑞典、阿根廷及澳洲等其他与赛五队。

1977 年 11 月 27 日，是台北市桥界一个划时代的大日子。这一天，坐落于仁爱路三段的国际桥艺中心正式开幕，不但为桥友提供了一个美轮美奂、舒适宽敞的活动场所，更为那个年代带动起一股鼎盛的桥风。

1978 年 6 月，国际桥艺中心举办了第一届人权扶轮杯。在这次比赛中，新人纷纷脱颖而出，而强队则全都中箭落马。两支超级强队中，由沈君山及郑焜仁领军的万全队，初赛即遭灭顶；另一支由黄光辉及林宪助领军的聚友队，也在复赛阶段被淘汰出局。最后勇夺冠亚军的，是世友队（田隆、屈文蜂、徐嘉华、何为、孔文彬、洪其安）及全垒打队（罗五湖、方曙、陈传诚、张中平、林宏时、徐维德），都是那个年代的新秀，其中有好几位成为我代表队的主力。

下面是聚友队在初赛第一场的一副牌，南家发牌，东西方有局。光辉在这一牌使出瞒天过海之计，骗过防家，偷到一局。

	♠52 ♥1073 ♦AQJ8 ♣AJ43	
♠K964 ♥Q95 ♦743 ♣Q102	北 西　　东 南	♠J73 ♥AJ64 ♦95 ♣K875
	♠AQ108 ♥K82 ♦K1062 ♣96	

西	北	东	南
	林宪助		黄光辉
			1NT
Pass	3NT	All Pass	

南北方使用精准制，无局的 1NT 示 12 点至 14 点，最后由南家主打 3NT 定约。西家首攻♠ 4，东家跟出 J。庄家开始思考，目前赢墩有两墩黑桃，四墩

方块，加上♣A，只有七墩，如果♥A对位，也才八墩，要♣J取得一墩，则必须♣K-Q都在左手家，机会并不大，然则第九墩又该如何到手呢？

庄家首墩若是以♠Q赢取，西家将知道庄家尚持有♠A-10，以后就不会再引黑桃到庄家的崁张。而如果由东家攻击黑桃，庄家将只能再取一墩♠A。光辉考虑之后，心生一计，乃以♠A赢进首墩，希望西家认为♠Q在同伴手中，以后上手再引黑桃，庄家♠8吃进，再送一次黑桃，即可在这门花色多取一墩，定约就有机会了。

实战中，光辉以♠A赢进首墩之后，立即由方块下桥拉回小梅花，希望是西家吃进再攻黑桃，让庄家捡到便宜货。不料在这一圈，东家跳出♣K，猛攻黑桃，光辉跟10，被K吃去。由于西家认定同伴有♠Q，遂续攻小黑桃，想不到却是羊入虎口，投向庄家的怀抱。光辉接下来再偷一次梅花，提吃所有赢墩之后，从桌上再引一次红心，定约的结果竟然是超打一墩。

71 远东桥王之精打细算

1978 年，第二十二届亚太杯于印度德里（Delhi, India）举行，中国台湾中华队第五度赢得公开组王座。这一届中华队的阵容是黄光辉－郭哲宏、沈君山－郑焜仁、林宪助－涂亚平，这也是光辉的第四座亚太杯。

第二年，亦即 1979 年，中华队再次远征里约热内卢（Rio de Janeiro），第五度扣关百慕大杯。这一届中华队由张植鉴领军，麾下为黄光辉－郭哲宏、林宪助－涂亚平及戴明芳－陈国榕三对。第二十四届百慕大杯的最后结果，美国队在决赛中击败意大利队，连续三届赢得冠军。中华队表现不尽理想，在与会六队中仅获得殿军。

之后，中华队又两度在亚太杯公开组封王。先是 1981 年，第二十四届亚太杯于台北举行，我队的夺标阵容是黄光辉－陈国榕、郭哲宏－林宏时及张溪圳－张英村。其次则为 1986 年，举行于马来西亚槟城（Penang, Malaysia）的第二十九届亚太杯，阵容是黄光辉－戴明芳、沈君山－郭哲宏及陈传诚－吴锦祥。至此，中华队已在亚太杯公开组中获得七次胜利，而光辉个人的亚太杯也累积到六座了。

1987 年 10 月，中华队以前一年亚太杯夺标的原班人马挥军牙买加 Ocho Rios，参加世界锦标赛，角逐第二十八届百慕大杯。这也是中华队的第六度进军百慕大杯。这一次共有十队参与逐鹿，其中北美一队及欧洲冠军瑞典队直接晋级准决赛，其余八队则以循环初赛决定另两个准决赛的名额。中华队在初赛中大放异彩，连败强敌，以第一名的佳绩晋级准决赛。但后继无力，准决赛败于北美一队，而季军之争又负于瑞典队，最后只能屈居殿军。

下面是这一届世界锦标赛初赛第一循环时的一副牌，北家发牌，东西方有局：

	♠10543 ♥A1032 ♦K3 ♣954	
♠Q97 ♥7654 ♦9 ♣AK1032	北 西　　东 南	♠A6 ♥-- ♦AQJ1074 ♣QJ876
	♠KJ82 ♥KQJ98 ♦8652 ♣--	

这手牌，东西方的梅花小满贯乃是必成之定约，而如果打对方块，则可赢足十三墩。在世锦赛全部十六桌中，威尼斯杯部分，八桌中有六桌东西方主打梅花小满贯，另两桌则南北方抢到6♥，是便宜的牺牲。至于百慕大杯，八桌之中只有五桌东西方叫到梅花小满贯，有两桌东西方停在5♣，而中华队正是其中之一。至于最后一桌，则是正在转播室演出的中华队与委内瑞拉之战，叫牌过程如下：

西	北	东	南
委内瑞拉	中华队	委内瑞拉	中华队
Onorati	戴明芳	Pasquini	黄光辉
	Pass	1♦	1♥
Pass	2♥	3♦	3♥
Dble	All Pass		

委内瑞拉的东西方打精准制，东家的1♦开叫并不保证有方块牌组，故第二圈时只能叫3♦，而没有机会叫出梅花。轮到西家时，认为与同伴方块不配合，故而一刀杀下，加倍敌方的部分定约。

西家首提♣A，光辉将吃，送出方块到明手K。东家连取两墩大方块，又引第三圈迫明手将吃，西家则抛掉两张梅花。明手将吃第三圈方块后，拉回黑桃，东家不动声色地跟出♠6。从西家首攻大梅花，光辉已对防家牌力分配有了约略的概念，当下并不犹豫，手中出♠K，果然赢到了。接下来，光辉信心十足地明手将吃第四圈方块，手中将吃梅花，由将牌下桥，手上再将吃梅花，形成如下残局：

	北	
	♠1054 ♥10 ♦-- ♣--	
西 ♠Q ♥765 ♦-- ♣--		东 ♠A ♥-- ♦10 ♣QJ
	南 ♠J82 ♥Q ♦-- ♣--	

光辉送出黑桃，东家进手，只有低花可回，于是南北二手的将牌分别取得一墩，完成加倍的定约，中华队得 530 分。

如果东西方叫到梅花满贯，委内瑞拉队可赢 13 国际序分；如果东西方击垮定约一墩，中华队将反胜 9 国际序分；现在光辉作成加倍的定约，为中华队赢进 13 国际序分。

72 远东桥王之明察秋毫

1989 年 5 月，第三十一届亚太杯于印度尼西亚雅加达（Jakarta）举行。中国台湾中华队在这一届大获全胜，囊括了包括公开组、女子组、青年组及双人赛等所有冠军，羡煞了亚太地区各国与地区与会的桥手。其中，公开队由钟仁谦督军，阵容是黄光辉 – 戴明芳、张植鉴 – 沈治国及陈传诚 – 吴锦祥；女子队由林宪助领军，麾下有俞璇 – 何静珊、柯淑美 – 陈自莹及林美丽 – 赖惠萍；青年队则由郭玲秀带队，队员为欧怡宏、叶铭功、杨士礼、刘昌垲、王林德及王启光；而夺得双人锦标赛的，则是陈传诚 – 吴锦祥。

同年 9 月，第二十九届百慕大杯于澳洲伯斯（Perth, Australia）举行。中华队由张植鉴执掌兵符，率领黄光辉 – 戴明芳、沈治国 – 林宏时及陈传诚 – 吴锦祥三对，第七度挥军百慕大杯。

参与角逐的十队中，除美国队及欧洲冠军波兰队直接晋级准决赛，其余八队，包括中华队、巴西、澳洲、新西兰、法国、埃及、哥伦比亚及加拿大，则以循环初赛取前两名晋级。中华队在初赛的成绩是第三名，无缘晋级准决赛，相当令人惋惜。这一届百慕大杯最后结果，巴西队在决赛中击败美国队，勇夺冠军，美国队亚军，波兰队季军，澳洲队殿军。

下面是本届百慕大杯初赛第一场，中华队和法国队之役的第十一副牌，南家发牌，双方无局。这一副牌，桥王遭遇世界冠军，双方都有水平以上的演出，表现令人赞赏。

	北	
	♠Q5 ♥QJ ♦AQ1093 ♣AJ64	
西 ♠AJ1032 ♥K4 ♦J84 ♣975	北 西　　东 南	东 ♠984 ♥109753 ♦75 ♣1082
	♠K76 ♥A862 ♦K62 ♣KQ3	
	南	

西	北	东	南
Mari	戴明芳	Quantain	黄光辉
			1NT
Pass	2♣	Pass	2♥
Pass	4NT	Pass	5♦
Pass	6NT	All Pass	

法国队的东西方是Jean-Christophe Quantain及Christian Mari，其中西家Mari，是曾经赢过两届奥林匹亚队制赛及一次百慕大杯的世界冠军。首攻♣7。光辉手中赢进，马上引一张小黑桃，明手出Q，吃到了，于是奔吃五圈方块，手上抛掉两张红心。Mari果然是专家中的专家，早已预见到终局时将被投入，故而先垫掉♥4，然后才抛掉一张小黑桃。光辉接着再取两墩梅花，剩下四张牌之情势成为：

西	北	东
	♠5 ♥QJ ♦-- ♣J	
♠AJ10 ♥K ♦-- ♣--	北 西 □ 东 南	♠109 ♥98 ♦-- ♣--
	♠K7 ♥A8 ♦-- ♣--	

现在明手提掉♣J，手上垫掉♠7，西家也跟着抛♠J。此时机会较大的打法，是偷东家的♥K；或者送出黑桃，投入西家，迫引红心。然而，从西家首圈就垫掉红心，光辉认为其中另有蹊跷，于是从明手引♥Q。东家抽出♥9时，观众都认为庄家会选择偷牌，但光辉明察秋毫，手中下♥A，当场击落西家的K而完成满贯定约。

在另外一桌，法国队南家Dominique Poubeau主打相同的定约，选择了红心偷牌，定约宕一墩。光辉的正确判断，为中华队赢进14国际序分，而在这一届百慕大杯旗开得胜，以胜分16∶14击败法国队，赢得第一场的胜利。

附录

关于或然率的说明

♠75
♥AQ84
♦A93
♣AQ43

北
西　　东
南

♠Q
♥3
♦KQJ108652
♣876

关于第 41 副牌“不必偷牌”，兹将笔者前述所说之最佳打法重述如下：

庄家将吃第二圈黑桃，出红心到 A，手上将吃红心，清将牌到桌上 A，手上再将吃红心。若是♥ K 在这三圈中落下，则定约已成，或是西家仅有 1 张或 2 张红心，可确定♥ K 在东家，则可以终局打法完成定约。否则庄家再由♦ 9 下桥出♥ Q，手上垫掉梅花失张，若是东家赢进此墩，定约亦必成功。如果以上情况均未出现，庄家偷到♣ K 时仍可成约。

讨论本牌的概率，主要考虑的乃是红心牌组的分配。

红心 8-0 分配的概率是 0.16%，若东家红心缺门将吃此墩，则定约已宕，失败的概率是 0.08%。若西家缺门将吃，则庄家只能靠偷到♣ K 成约。如果西家红心缺门但防御错误而不将吃，则定约必成。

红心 7-1 分配的概率是 2.86%，任一防家红心单张 K，则定约必成，概率为：2.86%/8=0.36%。若 K 非为单张，但东家持有长门红心，则定约亦必成功，概率为：2.86%/8x7/2=1.25%。

红心 6-2 分配的概率是 17.14%，任一防家红心为双张带 K，则定约必成，概率为：17.14%/8x2=4.29%。若 K 非为双张，但东家持有长门红心，则定约亦必成功，概率为：17.14%/8x6/2=6.43%。

红心 5–3 分配的概率是 47.12%，4–4 分配的概率是 32.14%。任一防家红心为三张带 K，则定约必成，概率为：47.14%/8x3=17.67%。若是♥K 未在三圈中出现，则明手出♥Q，不论东家是否跟出♥K，手上均抛掉梅花失张，只要♥K 在东家手中，定约就成功了。红心 5–3 分配，东家五张带 K 的概率为：47.12%/8x5/2=14.73%；红心 4–4 分配，东家持有 K 的概率为：32.14%/2=16.07%。

若东家非为红心缺门，采上述打法进行至此，成约的机会为：0.36%+1.25%+4.29%+6.43%+17.67%+14.73%+16.07%=60.8%。

扣除东家红心缺门，庄家梅花偷牌成功的机会是（1–0.08%–60.8%）/2=19.56%。

综合以上所述，本牌成约的或然率是 60.8% 加上 19.56%，合计为 80.36%，高于双偷成功的 75%。

跋

人生的第二把刷子

蔡志忠

人要及早找到扬名立万的那把刷子，

然后全力以赴，走出属于自己的人生之路。

每个人也当寻找人生的第二把刷子，

主旋和旋交织，谱出华丽多彩的生命乐章。

我十五岁离开家乡，只身到台北文昌出版社画漫画时，听人家说老板廖文木很会吹口琴，有一天在电视上，看他上台视“星星星”现场节目表演口琴独奏，由当时台湾最棒的鼓霸乐队伴奏，亲眼看他上电视，才见识廖老板多才多艺厉害的一面。

当时我也很想跟他看齐，除了本业之外还要有一项傲人的个人专长。刚上台北当漫画家时，我想学吉他、交际舞和游泳，多年来这三项一项也没学会，直到年近三十岁才开始学打桥牌。后来我赢得桥牌一百多个冠亚军奖杯，连续十年代表台湾参加亚太杯桥牌比赛，才完成这个梦想。

一张画有主题，有留白。

人生要工作，也要自我娱乐。

我画漫画，我爱打桥牌。

棋圣聂卫平跟我一样，也爱桥牌。

1989 年 2 月 15 日，我第一次到中国大陆出席在王府井新华书店举行的漫画诸子百家系列新书签售会，三联书店总经理沈昌文先生问我：“你有特别想见什么人吗？”

我说：“我想见棋圣聂卫平先生。”

沈总说：“哇！你也是围棋高手吗？”

我说：“不！我围棋下得很差，但我喜欢打桥牌。”

三联神通广大，两天后便约好我与聂大师相见之事。怀着兴奋的心情到天坛东路 81 号中国棋院，进入一个小厅，只见聂大师正与几位年轻朋友一起打桥牌。

三联书店的陪同人员简单介绍了我一下，我送上《大醉侠》漫画给大师。聂大师接过书后，非常大方地回赠一整套名贵的围棋棋盘和棋子：“这是别人刚刚送我的上好云南黑白大理石棋子，正好转送给你。”

哇！几本几块钱人民币的小书，抛砖引玉换来几千元的名贵围棋，害得我相当不好意思。

聂大师说:“听三联沈先生说你也会打桥牌，坐下来跟我打两把吧?”

我欣然接受邀约，跟大师搭档打了四副牌。由于牌局很平，没造成任何输赢。

聂大师说:“25、26日周末假期，兆龙饭店举办兆龙杯桥牌比赛，你有空参加吗?”

“好啊!我跟大师一起搭档打牌吗?”

“不不!我跟曹大元、刘小光、马晓春等人组好十段队，我替你找其他队友。”

25日早上八点半，我如约到兆龙饭店与聂大师替我约好的几位年轻朋友一起组队，打了两天比赛。由于兆龙杯参赛队伍们的桥艺水平都很高，加上我和几位年轻朋友没特殊表现，第一次在内地参家桥牌比赛，成绩平平。

聂卫平少年时代便是围棋天才，他十四岁时便会打桥牌，最有名的桥牌搭档是邓小平。他每年都会参加不少桥牌比赛，成了地道的半个桥牌人。有人称他是“围棋界中的桥牌第一高手，桥牌界中的围棋第一高手”。这话形容得很到位。

自从认识聂老师之后，接连二十几年来，我每次到北京都跟聂老师见面吃饭，也常跟他一起组队参加桥牌比赛，曾连续得过几届香港阜际杯名人赛冠军。

2012 年 6 月初，聂老师偕同夫人专程到台湾来探望卧病多年的老友沈君山博士。6 月 4 日中午，台湾围棋界大佬在敦化南路三井日本餐厅宴请聂老师夫妇，我当陪客。

饭后聂老师问我："现在可不可能临时找些桥友，到台北国际桥艺中心打几副桥牌？"

我说："哇！现在是星期一下午，大家都在上班，国际桥艺中心星期一也没营业，不过我会设法达成聂老师的愿望。"

于是便打电话约了亚洲桥王黄光辉、刘国瑞、马西平、陈永和等人在台北国际桥艺中心打三桌 26 副牌的小型桥牌赛。聂老师过了一个尽兴的夏日桥牌午后。当晚我宴请聂老师、聂夫人、台湾红面棋王等围棋界人士到山喜屋日本烧烤店喝两大瓶菊正宗。

除了漫画之外，桥牌是我的挚爱。我发现聂老师比我还爱打桥牌。其实很多事业成功人士都以打桥牌作为工作之余的娱乐，有的人甚至已达职业水平，经常参加国际比赛。例如台积电老板张忠谋、AIG 南山人寿老板谢仕荣和台湾旺宏电子老板吴敏求也经常代表中国台湾、中国香港参加国际比赛，我自己则是以打桥牌来测试自己智商与反应变化的能力。

聂老师是围棋高手，思路敏锐，精于计算，他打牌以稳健著称。我由于出身不同，牌风特殊，诚如沈君山博士送我他的桥艺著作《逐鹿桥坛三十五年》扉页写的"志忠桥兄，庄子的桥风"一样，我的叫牌方式有如神龙见尾不见首。

打桥牌最重要的环节是叫牌。要不要继续跟敌方抢定约？决定这一副牌要打几阶？我跟大多数桥手有几个非常不同的叫牌观念。

弱者的叫牌策略

由于我将近三十岁时才开始学桥牌，自己桥牌不怎么样，只能找到水平一般般的队员。自己当然很清楚无论叫牌、主打、防御都比跟我坐相同位置的敌方差，同伴的桥艺水平也比敌方的同伴差，关闭室的两位队友也比敌方上场的队友差，轮空休息的两位队友也比敌方没上场的队员差，如果26副牌，叫品相同、主打相同定约，肯定26副牌我们把把都只会输不会赢。所以我在牌桌上的叫牌策略是：自认为自己是弱者的叫牌法。

如果一副点力16点，牌型4333开叫1NT的牌，弱队最多只保平安，祈求这副牌打平，而不可能赢牌。

如果牌型怪异，弱队便有机会赢牌，但是叫牌过程和对好坏牌的认定要跟大家不一样。

例如第一家抓AKQ八张黑桃，如果我们跟敌方一样也开叫4♠，那么还是跟上述的例子一样，最多只能打平也不会赢。因此我拿AKQ七八张黑桃时一定Pass，先听风一两圈看看自己到底可以完成几阶黑桃，然后再出来竞叫。

如果抓5440牌型，就算点力只有八九点，敌方开叫我缺门的牌组，我一定加倍请同伴选一门将牌加入竞叫。

另外对一副牌的好坏牌判断和竞叫过程也跟正统桥书所说的规则不一样，也免得最后的定约跟强队一样。

事先假设同伴手持牌型4333低点，如果一手牌只有六七个失墩，我便认为是强牌。

例如：

♠ xx

♥ AKQxxx

♦ AQ10

♣ xx

只要同伴有 5 个点，黑桃或梅花 A 和方块 J 就有 50% 概率能完成 4 ♥定约。

如果一手牌有八九个失墩，无论多少点力我都会视为弱牌。例如：

♠ Kxx

♥ KQxx

♦ KQxx

♣ KQ

这手牌虽然有 18 大点，再补上同伴两张红牌 A，都还不见得能完成 3NT 或 4 ♥。所以第一副牌我会叫得很凶，第二副牌我会叫得很保守。

赌性坚强

从前还不太会打牌的时候，常会像赌徒一样赌某一副牌有成局定约，赌对了或敌方首攻错了就赢一把牌，赌错就输一把牌。后来牌打得比较好之后，叫牌细腻了反而渐渐保守起来，常常两个强队厮杀对抗十几副牌，要赢对方一副牌都很难。不过我还是保持坚强赌性，有时吃亏，有时也会大赢一把。

台南凤凰杯第一场，我坐公开室西家，龙卡通对抗江友，四周围满了观战桥友。

第四副牌，双方有局，我发得一手好牌：

♠ x

♥ KQJxx

♦ AKQxxxx

♣ --

北家陈传诚开叫 1NT（16~18 点），南家叫 2 ♥（转换 2 ♠），我加倍表示红心牌组，北家自由答叫 2 ♠（表示 3 张黑桃支持），同伴王松很爱叫牌，他自由答叫 3 ♥。南家跳叫 4 ♠，我 4NT 问 A，同伴回答 5 ♦（一张 A），我叫 6 ♥。

南家考虑了一下，相信我主动叫小满贯必定是铁牌，于是叫 6 ♠牺牲，从我手中的牌杀 6 ♠大概只会宕一，得 100 正分没什么意思。如果同伴有带 A 四张红心，只要敌方不攻黑桃，便有 13 副赢墩，于是我马上叫 7 ♥，摆明黑桃缺门，用负 50 分赌正 1440 分。西家相信我黑桃缺门，首攻梅花，旁边观战的桥友们立刻大笑起来，首攻错了，完成 7 ♥定约。

同伴的牌是：

♠ xx

♥ Axxx

♦ xx

♣ xxxx

逆向思考

1990 年 5 月 1 日，我移民温哥华。第二年我打听好温哥华侨社地点，便常到市区侨社参加正点论对赛，同伴是一位加拿大老太太。加拿大老年桥友水平比台北、日本的老桥友好一些些，不太会犯一些叫牌、打牌、防御的低级错误。有副牌我坐北家，抓了一手 0571 牌型：

♠ --

♥ Kxxxx

♦ AKQxxxx

♣ A

大部分的桥友会把这手牌当强牌，开叫 2 ♣或开叫 1 ♦。我的思考角度跟大家不一样："如果敌方以黑桃当将牌，大概只有两个赢墩。以方块当将牌可以吃八墩，由于不知道五张破烂的红心会掉几墩？不知道该叫几阶定约？"

为了解五张破红心的失墩状况，我开叫 1 ♥，东家竞叫 1 ♠，同伴竞叫 2 ♥（同伴三张以上红心支持），西家直跳 4 ♠，我叫 5NT，（同伴红心有两张大牌时，叫大满贯），同伴的牌是：

♠ xxxx

♥ AQxx

♦ xx

♣ xxx

同伴虽然只有 6 个点，红心 AQxx，当然直跳 7 ♥，完成 7 阶。

埋伏叫品

♠ Axxx

♥ --

♦ QJ10xx

♣ Axxx

你坐北家，拿一手 11 点牌力 4054 牌型，相信大多数桥友都会很兴奋地开叫 1 ♦，同伴答叫 1 ♥，自己再叫 1 ♠，如果同伴好牌叫 2 ♣（第四门新花迫叫成局）则问题不大，自己再叫回 2 ♦，然后交给同伴决定最后定约。但同伴往往会在你答叫 1 ♠后，再叫 2 ♥，准备主打这个定约，虽然明明知道这是个烂定约，但也只能 Pass 让同伴主打。敌我双方点力差不多，为何敌方不出来竞叫？大多是因为有一位敌方正抓着五张红心准备加倍你们呢。

通常我抓这手牌时一定先 Pass，然后静观其变。这时会有四种情形发生：

第一种：你 Pass，东家开叫你缺门的红心，同伴竞叫你有四张的牌组，这时原本第一圈 Pass 的你突然很神勇地在试探满贯，例如同伴竞叫 1 ♠，同伴只要 8 个点，黑桃 KQ 五张和方块 K，敌方首攻红心时，便能完成黑桃小满贯。

第二种：你 Pass，东家开叫你四张的黑桃牌组，同伴竞叫你缺门的红心，虽然我方点力大于敌方，但从你的牌便清楚知道这副牌没有成局定约，所以只能 Pass。除非同伴抓着 AKQ 八张红心，如果是这种牌型，同伴看你第一圈 Pass，敌方开叫 1 ♠，他便会直跳 4 ♥了。

第三种：你 Pass，东家开叫你缺门的红心，同伴没加入竞叫，西家答叫 2 ♣（二盖一迫叫成局），你可以 2 ♦竞叫，或加倍请同伴选一门牌组做便宜的牺牲。

第四种：你 Pass，东家开叫 1♥，同伴没加入竞叫，西家直跳 4♥。将牌坏分配，再加上你第一圈 Pass，庄家往往会打错。

不知道如何行动，先 Pass 一圈

2006 年 3 月中旬，中华杯选手代表权选拔冠亚军决战最后一圈，我坐北家，第一副牌 11 个点 5161 牌型：

♠J9xxx

♥A

♦AQ10xxx

♣x

由于不知道黑桃会掉几墩，所以我先 Pass，下家开叫 2♥，同伴加倍，表示有四张黑桃竞叫或 16 点以上，我直跳 6♠。东家首攻红心 K，同伴的牌是：

♠AQxx

♥xxx

♦Kxx

♣AJxx

开叫 2♥的同伴西家，西家杨欣龙手中的牌是：

♠K10xx

♥xxx

♦xx

♣Kxxx

看到闲家的牌，认为将牌 4-0 分配，两张黑桃 K 都偷不到，很高兴地以为这把牌必倒，只见庄家红心 A 吃了，立刻打小黑桃，发现东家黑桃缺门，让送一墩黑桃 K，将吃回攻的红心，敲光将牌便摊牌完成 6♠定约。

另一桌北家叶澄开叫 1♠，南家沈治国虽然手上 14 点，四张黑桃支持，在

红心竞叫之下，南北两家都看不清楚，自认为失墩太多，只停在四阶。

牌型和位置比点力重要

高线定约依靠的不只是点力，而是牌型和牌张位置。有一次在北京参加桥牌比赛，我坐西家，双方有身价，我抓 55 两门红牌，9 个大牌点：

♠ AQ10

♥ QJ10xx

♦ 1098xx

♣ --

北家开叫精确制 2 ♣，同伴 Pass，南家 2 ♦问牌型，北家回答 3 ♣（梅花六张以上，无四张高花）南家叫 3 ♠（五张黑桃以上逼叫成局），从敌方叫牌过程，听风听出了敌方牌型与大牌牌张位置，我正在想加倍表示两门红牌，还是自己叫 4 ♥，等一下再叫 5 ♦。

北家看我竟敢想在这时伸头出来被杀，不屑地说："你在干什么？"

我说："对不起，我不能叫牌吗？"

北家发现自己失态："可以，你当然可以叫牌。"

我叫 4 ♥，北家叫 4 ♠，同伴竞叫 5 ♥，南家叫 5 ♠，我加倍。北家考虑良久改定约为 6 ♣，我还是加倍，最后定约宕二。同伴的牌是：

♠ xxx

♥ Axxxx

♦ xx

♣ xxx

黑桃、红心 K 对位，5 ♥确实是铁牌。

弱队的怪招

如同第一则故事，强队遭遇弱队时，则非常希望弱队能规规矩矩叫牌，那么强队便稳操胜算只赢不输。但是在网络极为发达的今天，桥友可随时上网在OKB或BBO在线桥牌网站打桥牌。

由于BBO网站只让桥友自己填桥牌级别：世界级、专家、高级、中级、新手、保密，打牌记录只能保留六天，不留个人打牌记录，很多桥友上BBO打牌会叫得很凶，有时只有3个大牌点也会第一家弱开叫3阶。

有一次在香港阜际杯遭遇日本老太太桥队，本以为以当时龙卡通队的实力应该能25∶0轻松获胜。

第一副牌，我坐西家，手上抓：

♠ K10xx

♥ Qxxxxx

♦ AQ

♣ x

北家开叫1♦，我正在想应由我当庄主打几阶的红心定约，可是同伴却盖叫1♥，南家叫1♠，虽然庄位不对，但我还是跳叫4♥。北家想都不想，立刻叫5♣。同伴Pass，南家长考，我心想："无论南家改叫哪门将牌，都要加倍。"想不到南家竟然加叫6♣，我当然加倍！

同伴首攻红心，南家的牌摊下来，吓了我一大跳：

♠ AJxxxx

♥ A

♦ xx

♣ AJxx

庄家红心单A吃进立刻拉小方块，我上方块A，从明手的牌看来北家只要有两张低花K，6♣肯定打成，只好再回方块Q，很奇怪又吃到了。庄家摊牌宕一，原来北家两门 65 低花 6 点牌开叫，5♣还真是大铁牌呢！

♠ x

♥ x

♦ Jxxxxx

♣ KQxxx

这副牌在另一桌的故事则不太一样，两家 Pass 之后，南家黄建仁开叫 1♠，西家盖叫 2♥，北家黄信德加倍（表示两门低花），东家叫 4♥，南家叫 4♠，西家加倍，两 Pass 回到南家，南家黄建仁事后回忆说："情况不对，西家加倍后很高兴地收起叫牌卡，准备防御抽出第一张牌。"他认为被极端保守的日本老太太加倍一定没好下场，于是连忙改叫 5♣，又被加倍，结果当然是做成 5♣！

由这副牌的例子可以看出来，弱队如果乖乖叫牌，稳输不赢，但他们突然出怪招，便有赢的机会，才吓出我一身冷汗。

以上是我打牌三十几年来的心得，希望以上这些叫牌观念不会教坏刚学桥牌的初学者。

上帝保佑！阿弥陀佛！

版权登记号：01-2016-6248

图书在版编目（CIP）数据

往日情怀：我的桥牌岁月 / 陈国榕，蔡志忠著 . —北京：现代出版社，2016.12
ISBN 978-7-5143-4712-8

Ⅰ. ①往… Ⅱ. ①陈… ②蔡… Ⅲ. ①桥牌—基本知识
Ⅳ. ① G892.1

中国版本图书馆 CIP 数据核字（2016）第 240673 号

往日情怀：我的桥牌岁月

作　　者	陈国榕　蔡志忠
责任编辑	杨学庆　赵海燕
出版发行	现代出版社
通讯地址	北京市安定门外安华里 504 号
邮政编码	100011
电　　话	010-64267325　64245264（传真）
网　　址	www.1980xd.com
电子邮箱	xiandai@vip.sina.com
印　　刷	三河市宏盛印务有限公司
开　　本	710mm × 1000mm　1/16
印　　张	19
版　　次	2016 年 12 月第 1 版　2016 年 12 月第 1 次印刷
书　　号	ISBN 978-7-5143-4712-8
定　　价	45.00 元
